D1066111

L'éditeur tient à remercier la Centrale des syndicats du Québec (CSQ), l'Association des retraitées et retraités de l'enseignement du Québec (AREQ) et le ministère de l'Éducation du Québec pour leur contribution qui a rendu possible la publication de cet ouvrage.

L'Hexagone et VLB éditeur bénéficient du soutien de la Société de développement des entreprises culturelles du Québec (SODEC) pour son programme d'édition.

Gouvernement du Québec - Programme de crédit d'impôt pour l'édition de livres - Gestion SODEC.

Nous reconnaissons l'aide financière du gouvernement du Canada par l'entremise du Programme d'aide au développement de l'industrie de l'édition (PADIÉ) pour nos activités d'édition.

Nous remercions le Conseil des Arts du Canada de l'aide accordée à notre programme de publication.

Les plus beaux poèmes des enfants du Québec

Les plus beaux poêmes des enfants du Québec

l'HEXAGONE vlb éditeur

Éditions de l'HEXAGONE et VLB éditeur
Divisions du groupe Ville-Marie Littérature
1010, rue de La Gauchetière Est
Montréal, Québec H2L 2N5
Tél. : (514) 523-1182
Téléc. : (514) 282-7530
Courriel : vml@sogides.com

Conception de la couverture :
Nancy Desrosiers
Conception de la maquette intérieure :
Jean-François Lejeune
Illustration de la couverture :
Marc Mongeau

Données de catalogage avant publication (Canada)
Vedette principale au titre :
Les plus beaux poèmes des enfants du Québec
Publ. en collab. avec : VLB.
ISBN 2-89006-677-0
1. Poésie enfantine québécoise - Québec (Province).
2. Écrits d'enfants québécois - Québec (Province).
PS8283.C4P58 2002 C841'.608'09282 C2002-940258-1
PS9283.C4P58 2002
PZ21.P58 2002

DISTRIBUTEURS EXCLUSIFS :

Pour le Québec, le Canada et les États-Unis :
LES MESSAGERIES ADP*
955, rue Amherst
Montréal, Québec
H2L 3K4
Tél. : (514) 523-1182
Téléc. : (514) 939-0406
*Filiale de Sogides ltée

Pour la Suisse :
TRANSAT S.A.
4 Ter, Route des Jeunes
C.P. 1210
1211 Genève 26
Tél. : (41.22) 342.77.40
Téléc. : (41.22) 343.46.46

Pour la France :
D.E.Q. - Librairie du Québec
30, rue Gay-Lussac, 75005 Paris
Tél. : 01 43 54 49 02
Téléc. : 01 43 54 39 15
Courriel : liquebec@cybercable.fr

Pour en savoir davantage sur nos publications, visitez nos sites :
www.edvlb.com
www.edhexagone.com
Autres sites à visiter :
www.edhomme.com
www.edjour.com
www.edtypo.com

Dépôt légal : 2e trimestre 2002
Bibliothèque nationale du Québec
Bibliothèque nationale du Canada

ISBN 2-89006-677-0

Visages du poème

Pour des amoureux du langage, c'est une joie et un privilège de pouvoir lire des centaines de poèmes nés de l'imagination des enfants. Chaque mot, chaque vers porte en lui-même tout un monde foisonnant d'images et de ces expériences parfois heureuses, parfois douloureuses qui, comme nous le savons, composent l'enfance. Des morceaux de vie nous sont soufflés à l'oreille ; à nous d'écouter, de partager en ouvrant nos mains, en ouvrant nos cœurs, pour accueillir ces voix, ces visages qui s'avancent vers nous.

L'imaginaire des enfants est riche et fécond, ce recueil en témoigne, et plus encore les dix-sept mille poèmes qui ont constitué le premier ensemble, qu'il a fallu réduire en se limitant à un seul poème par classe participante. On peut facilement deviner la difficulté d'un tel choix. Parmi ceux qui ont retenu notre attention, on pourra voir un souci d'originalité, la capacité d'entrer dans le langage et d'aller puiser à même les expériences, l'emploi de mots simples et justes qui parviennent à nous toucher.

Les enfants savent presque naturellement ce qu'est un poème, cette façon qu'a le langage de creuser la réalité pour la

réinventer. Quand ça va bien dans la vie, c'est un ballon lancé dans les airs. Et quand ça va mal, c'est une bouteille à la mer. D'instinct, les enfants donnent au poème sa forme et son sens. À n'en pas douter, les enseignantes et les enseignants les ont grandement aidés à acquérir cette aisance avec le langage.

Les poèmes rassemblés dans ce recueil sont un miroir de l'état d'esprit des enfants d'aujourd'hui. Parmi les thèmes les plus souvent abordés, on trouvera celui de la nature. Les enfants s'y sentent intimement liés ; ils évoquent les animaux à travers lesquels ils appréhendent le monde et apprivoisent les autres, ou encore ils nous font pénétrer dans un univers menaçant, expriment alors leurs craintes, leurs désirs.

Merci aux enfants de nous offrir ici tant de beauté, tant de sincérité !

Richard Desjardins
Hélène Dorion
Henriette Major
Tony Tremblay

accompagné par la joie

Texte de
Sheity Ghotra
illustré par
Brian Karming Lam
5e année
École Barclay • Montréal

Je marche à côté de la joie
mais je ne m'en aperçois pas

À pas de fourmi je vais chez moi
la joie me suit je ne m'en aperçois pas

Je change ma voix
pour chanter mieux que ça

La joie rit de moi mais je ne m'en aperçois pas
la joie me dit je suis ton ami
elle me parle mais je ne m'en aperçois pas

Rendu chez moi je suis dans mon lit
la joie est près de moi mais je ne m'en aperçois pas

La nuit arrive à pas de géant
la joie me dit au revoir mon grand

Je rêve chez moi que le monde est rempli de joie
pourquoi mon rêve ne se réalise-t-il pas ?

Pourtant la joie est près de moi
mais je ne m'en aperçois pas

Je veux que mon rêve se réalise
que le monde soit rempli de joie

action

Texte et illustration de
Nicolas Bélanger
6e année
École Aubert-de-Gaspé • Saint-Aubert

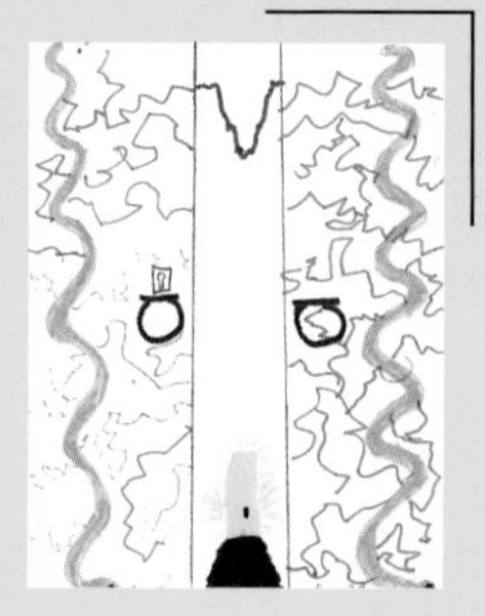

ah ! la belle campagne

Texte et illustration de
Théo Batigne
3e année
École Le Plateau • Montréal

Le soleil brille derrière la colline
À côté les avions déchirent le ciel
Et il y a les orages qui foudroient les côtes
Puis le vent qui balaie les nuages

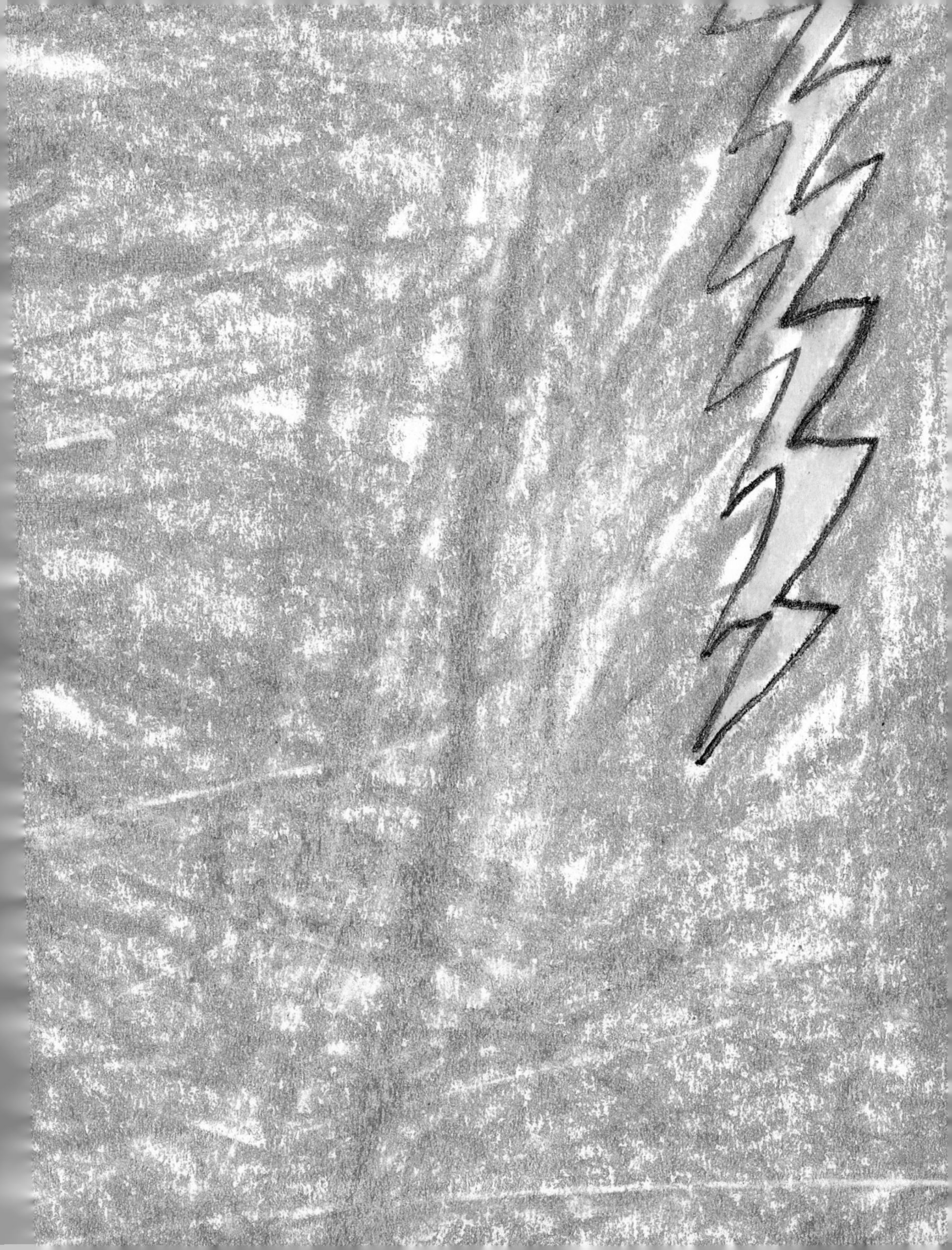

bon gars, mauvais gars

Texte et illustration de
Christelle Ntumba
6e année
École Saint-Zotique • Montréal

Bon gars, mauvais gars, qui es-tu ?
Yeux noirs, cheveux noirs, peau noire.
Enfoui dans le noir restes-y pour toujours.

Bon gars, mauvais gars, qui es-tu ?
Yeux bleus, cheveux blonds, peau blanche.
Ami du Diable ou du Seigneur ?

Bon gars, mauvais gars ?
L'apparence ne compte pas.
Ce qui compte c'est ce que tu as dans le cœur.

Bon gars, mauvais gars, qui es-tu ?
Noir ou Blanc nous sommes tous pareils.
Notre différence n'est que couleur.

c'est la vie

Texte et illustration de
Jade Lepage-Thériault
6e année
École Côte-du-Nord • Hull

Dans ma vie il y a des jours bleus,
Des jours de feu
Là où tout est mieux
C'est mon jour chanceux.

Dans ma vie il y a des jours verts
Là où tout est à l'envers
Là où même la poussière
Ne rejoint plus l'imaginaire.

Dans ma vie il y a des jours gris
Des jours de pluie
C'est ce qui se passe aujourd'hui
Même si je souris.

Je suis désolée
C'est la vérité
Je ne suis pas encore décidée
À te pardonner.

Je vais y penser
Promis juré
Plus que tu ne peux y croire
Je vais y voir.

couleurs enchanteresses

Texte de
Josée Vermette
illustré par
Patricia Asselin-Dalzill
6e année
École de la Nouvelle-Cadie • Saint-Gervais

Rouge comme la passion
Bleu comme la mélancolie
Noir comme la fureur
Rose comme l'allégresse.

Quelles ravissantes fleurs
De toutes les couleurs
Elles sont épanouies
Et moi aussi.

Le ciel est azur
Les nuages sont blêmes
La nature est verdâtre
Les arbres sont gris.

Mes jeunes sentiments
Sont de toutes les nuances
Comme l'univers
Et l'humanité.

cœur étranger

Texte de
Irshad Benlaïb
illustré par
Lisa Marie Flores
6e année
École Louisbourg • Montréal

Un jour, je l'ai rencontrée.
Ses yeux bleus et ses cheveux blonds
Que le soleil illuminait.
Je l'aimais !

Mais je savais que je n'aurais pas de chance
Car son cœur était pris
Par un autre que moi.
Elle ne m'aimerait pas !

Car je ne suis qu'un Indien étranger…
Mais un jour
J'ai secouru son cœur brisé.
Elle était folle de joie !

Elle a oublié ma race
Elle a oublié son amoureux
Elle a oublié ses amis
Elle m'a aimé !

rès grande et très, très maigre, hi...
ncontre trois cadavres, hi...
ur demande, hi...
e ainsi quand je serai morte, hi ?
davres répondent... oui !
n grand cimetière,
hi, ha, ha, ha !
ait une sorcière, hi...

rès grande et très, très maigre, hi...
ncontre trois cadavres, hi...
ur demande, hi...
e ainsi quand je serai morte, hi ?
davres répondent... oui !
n grand cimetière,
hi, ha, ha, ha !
ait une sorcière, hi...
rès grande et très, très maigre, hi...
ncontre trois cadavres, hi...
ur demande, hi...
e ainsi quand je serai morte, hi ?
davres répondent... oui !
n grand cimetière,
hi, ha, ha, ha !
ait une sorcière, hi...
rès grande et très, très maigre, hi...
ncontre trois cadavres, hi...
ur demande, hi...
e ainsi quand je serai morte, hi ?
davres répondent... oui !
n grand cimetière,
hi, ha, ha, ha !
ait une sorcière, hi...
rès grande et très, très maigre, hi...
ncontre trois cadavres, hi...
ur demande, hi...
e ainsi quand je serai morte, hi ?
davres répondent... oui !
n grand cimetière,
hi, ha, ha, ha !
ait une sorcière, hi...
rès grande et très, très maigre, hi...
ncontre trois cadavres, hi...
ur demande, hi...
e ainsi quand je serai morte, hi ?
davres répondent... oui !
n grand cimetière,
hi, ha, ha, ha !
ait une sorcière, hi...
rès grande et très, très maigre, hi...
ncontre trois cadavres, hi...
ur demande, hi...
e ainsi quand je serai morte, hi ?
davres répondent... oui !
n grand cimetière,
hi, ha, ha, ha !
ait une sorcière, hi...
rès grande et très, très maigre, hi...
ncontre trois cadavres, hi...
ur demande, hi...
e ainsi quand je serai morte, hi ?
davres répondent... oui !
n grand cimetière,
hi, ha, ha, ha !
ait une sorcière, hi...
rès grande et très, très maigre, hi...
ncontre trois cadavres, hi...
ur demande, hi...
e ainsi quand je serai morte, hi ?
davres répondent... oui !
n grand cimetière,
hi, ha, ha, ha !

dans un grand cimetière

Texte de
Mélissa Larente
6e année
École J.-M.-Robert • Saint-André-Avellin

Dans un grand cimetière,
Hi, hi, hi, ha, ha, ha !
Il y avait une sorcière, hi...
Très, très grande et très, très maigre, hi...

Elle rencontre trois cadavres, hi...
Elle leur demande, hi...
S'rai-je ainsi quand je serai morte, hi ?
Les cadavres répondent... oui !

déchiré

Texte et illustration de
Maxime St-Laurent
5e année
École Côte-du-Nord • Hull

Mon cœur est déchiré
Car mes parents sont séparés
Je me suis fait des amis
Mais vous, vous êtes presque des ennemis.

C'est dur une vie comme ça
Mais je dois vivre comme cela
Je suis dans une nouvelle école
Et les morceaux se recollent.

Je ne savais pas comment vous le dire
Alors je me suis dit pourquoi ne pas l'écrire
Ce poème est dédié
À mes parents adorés.

Émilie Remacle
illustré par
Alexandra Francoeur
6e année
École La Croisière • Proulxville

La plume glisse sur le papier
L'encre s'infiltre dans un soupir

Un être si cher à mes yeux
Si léger, sans aujourd'hui

Maintenant, encore plus attristée, j'ai pleuré
Moi, si triste mais quand même si heureuse pour lui

Le nuage aussi blanc que lui ne peut se faire voir
De toute manière, je le vois si heureux de retrouver ses amis

Il est dans le deuxième monde
Et moi dans le premier

Il ne me reste plus qu'à continuer
Ma vie bouleversée

Cher être de la terre,
Si chéri, si gâté,
Maintenant tu es allé te joindre aux fées.

Un cœur perlé
Perlé de gouttes
Gouttes,
gouttelettes
Gouttelettes par
milliers
Milliers

goutes

Texte de
Raphaëlle Beauregard
4e année
École Pierre-D'Iberville • Longueuil

Un cœur perlé
Perlé de gouttes
Gouttes, gouttelettes
Gouttelettes par milliers
Milliers d'étincelles
Étincelles d'étoile
Étoile lumineuse
Lumineux espace
Espace vert
Vert pomme
Pomme d'automne
Automne...

j'ai rêvé que j'inventais...

Texte de
Christopher Merisier
illustré par
Vanessa Garcia
5e année
École Marie-Rivier Annexe • Montréal

J'ai rêvé que j'inventais...

J'ai inventé une locomotive qui va au paradis
J'ai inventé un parapluie qui transforme les gouttelettes
en thé fumant qui siffle pour s'annoncer
J'ai inventé une machine qui fait rêver des beaux rêves
J'ai inventé une locomotive qui fait le tour du monde en volant
J'ai inventé une pipe qui sent bon la rose
J'ai inventé une lune nouvelle pour les enfants qui sont dans la lune
J'ai inventé le bonbonnier, un arbre qui donne des joyeux bonbons
aux enfants
J'ai inventé une chaise qui fait la conversation chaque fois
que l'on s'assoit dessus
J'ai inventé un livre qui nous apprend sans qu'on le lise
J'ai inventé une porte qui nous emmène dans un paysage chocolaté
J'ai inventé un tableau qui observe les élèves du coin de l'œil
J'ai inventé un porte-bonheur qui fait toujours sourire
J'ai inventé une feuille qui guide tes mains lorsque tu dessines
J'ai inventé un arbre aspirateur de la pollution
Le plus beau de mon rêve...
J'ai inventé une locomotive qui distribue l'amitié

je n'ai pas besoin...

Texte de
Annie Canuel
6e année
École Saint-Léandre • Saint-Léandre

Je n'ai pas besoin d'une photo
Pour écrire ce poème
Car tu es un merveilleux cadeau
Qui mérite qu'on l'aime.

Te raconter mes secrets
Me fait du bien
Ils ne sont jamais sortis du coffret
Et la clé ne peut pas l'ouvrir elle ne sert à rien.

la feuille morte

Texte de
Mylène Bédard,
Mikaël Bergeron,
Claudine Bourgeois,
Roxane Corriveau,
Maxime Frigon,
Maxime Gélinas,
Marc-André Juneau,
Johanie Labrecque,
Jennily Lafrance,
Laetitia Larouche,
Geneviève Lavoie,
Tommy Perron-St-Pierre,
Sophie Piché,
Jean-François Quesnel,
Marc-Antoine Ratté,
Dominic Rolande,
Jérémie Rose,
Valérie Samson,
Marie-Soleil Tanguay,
Vanessa Tessier-Bourgault,
Jean-Philippe Therrien,
Audrey Thivierge,
Anne-Marie Trudel
et Arianne Turgeon-Boucher
3e année
École Saint-Joseph • Amos

Toute colorée, toute vieille
Son manteau déchiré
La feuille morte
Danse sans se décourager
Danse avec la lune
Sous le regard des étoiles filantes
Danse dans la brume
Comme invitée à un bal masqué
Au lever du jour
La feuille épuisée
D'avoir trop dansé
S'étend doucement sur sa couverture gelée.

la lune

Texte et illustration de
Michaël Deveau
5e année
École Stella-Maris • Fatima, Îles-de-la-Madeleine

La lune
C'est comme une prune
Quand la lune brille
Mes yeux se transforment en billes

La lune, c'est comme ma mère
Elle me berce, elle me borde
La lune me chante des chansons
Et c'est comme cela que je deviens grand

Quand je soupire
Elle me fait sourire
Quand la lune me dit bonne nuit
Je lui dis : « Une autre journée se finit ! »

la magie du chalet

Texte et illustration de
Olivier Savard
4e année
École Bernard-Corbin • Lachenaie

Je suis en vacances au chalet
Qui est grand comme un palais
Long comme un pont
Et assez haut
Pour y entrer mon vaisseau

Je vois un trou dans le plancher
En tombant, un éléphant l'a défoncé
Son avion s'est fracassé
Pour le remonter, il a pris une échelle d'acier

Au plafond marche sur une poutre
Un énorme mammouth
Il joue au funambule
En faisant des bulles

À l'extérieur du chalet
J'ai du mal à percevoir
Le flamant rose et la panthère noire
Qui se baignent dans la fontaine du matin jusqu'au soir

Tous ces animaux se joignent à moi
Pour faire la fête
Durant une tempête
Qui a duré cinq heures, je crois

Quand la fête est terminée
Le chalet est abandonné
Mes amis resteront cachés là
Jusqu'à mon retour dans un mois.

la marguerite

Texte de
Mia-Claude Bourbeau
illustré par
Olivier Frigon
6e année
École Saint-Joseph • Amos

Symbole de paix
D'amour
Et d'amitié.
Les hommes te cachent
Et te remplacent par des armes.
Avec tes pétales écarlates
Laisse jaillir ton âme étincelante
Ton soleil d'argent
Sur nos villes
De guerres et de pierres,
Étale ta beauté
Sur nos terres apeurées.

l'amitié et les roses

Texte de
Roxane Sylvestre
illustré par
Valérie Von Gunten
5e année
École Dollard • Cap-de-la-Madeleine

Les roses sont roses
Et toi qui es chaude
Les roses sont noires
Et moi qui veux te voir
Les roses sont orange
Et toi qui es contente
Les roses sont blanches
Et toi qui es un ange
Les roses sont bleues
Et toi qui es généreuse
Les roses sont jaunes
Et toi qui es mon ombre
Les roses sont brunes
Et toi qui aimes les prunes
Les roses sont saphir
Et toi qui me fais vivre
Les roses sont rouges
Et toi qui bouges
Les roses sont vertes
Et toi qui es ma découverte
Les roses sont lilas
Et toi qui es toujours là
Les roses sont or
Et toi qui es un trésor
Les roses sont argent
Et toi qui m'entends

AMITIÉ

la mort en cage

Texte de
Cassiopée Quintal-Marineau
6e année
École Saint-François · Rigaud

Dans un coin reculé
Était enfermée la mort
Dans une cage remplie de remords.
Le pays, grand et isolé,
Était bondé d'arbres noueux
Aux branches dénudées
De feuilles noircies par le temps.
Une rivière traversant l'île
La nourrissait de son eau salée.

Les cris stridents de la mort
Résonnaient dans les têtes,
Nous plongeaient dans le désespoir.

Les forêts sombres aux mille et un secrets
Empêchaient tout démon de la délivrer
De son éternelle douleur.

Les forêts remplies de loups-garous affamés
Attendaient les démons fidèles.

Personne ne sait ce qu'elle est devenue,
Mais en fait elle est revenue.
On ne sait trop comment.
Mais elle frappe sans pitié
Les gens les plus innocents.

la mort qui fait peur

Texte de
Ariane Léger-Leduc
6e année
École Élan • Montréal

La souffrance me fait peur
Je pleure car j'ai peur
La peur de mourir
Dormir me fait souffrir
Souffrir par les rêves du diable
Des rêves de peur
Des rêves de guerre
Le cimetière ensuite l'enfer
Agoniser me fait trembler de peur
Le sadisme se transforme en terrorisme
La mort m'attend un jour
C'est pour cela que j'ai peur
La mort qui fait peur

pas pour toujours
our d'une semaine
it de la peine
mour d'un mois
comme ça
mour d'éternité
dur à trouver
laisse-moi te toucher
au point de t'aimer
e laisserai des mots dans
tu m'as laissé des cha
mour d'un jour
pas pour toujours
mour d'une semaine
it de la peine
mour d'un mois
comme ça
mour d'éternité
dur à trouver
laisse-moi te toucher

l'amour

Texte de
Cynthia Richelieu
6e année
École Madeleine-de-Verchères • Montréal

Un amour d'un jour
c'est pas pour toujours
un amour d'une semaine
ça fait de la peine

un amour d'un mois
c'est comme ça
un amour d'éternité
c'est dur à trouver

mais laisse-moi te toucher
jusqu'au point de t'aimer
je te laisserai des mots dans ton cœur
comme tu m'as laissé des chaleurs

la nuit

Texte et illustration de
Sara Marcotte-Génier
3e année
École La Riveraine • Saint-Zotique

Poussent des fruits

Dedans mon lit

Par la fenêtre

Brille la lune

Et mon poisson

Dort dans son eau

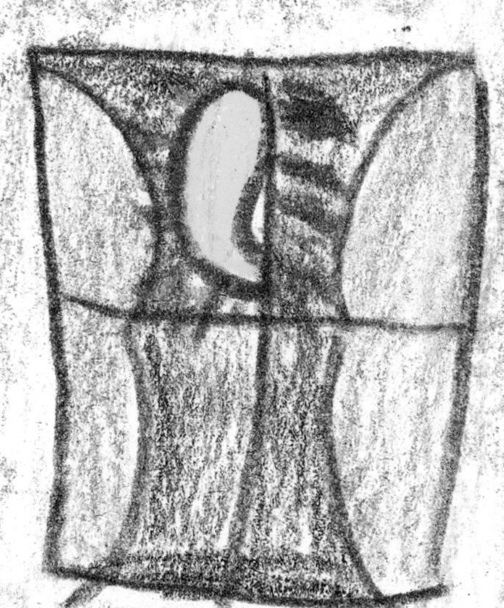

la paix

Texte et illustration de
Myriane Labrecque
6e année
École L'Aquarelle • Saint-Bernard

Donnez le respect
Et non l'horreur.
Voici la paix
Et non la terreur !

Portez secours
Ne soyez pas sans-cœur !
Ayez de l'amour
Pour ceux qui ont peur.

Faites l'harmonie
Sans vengeance malpolie.
N'embarquez pas dans cette folie
Laissez aux autres la vie.

Pacifiques soyez
Et non des meurtriers.
Aimez
Et donnez.

Arrêtez
De tuer !
Ici,
La guerre, ça suffit !

Comme partout
Nous voulons la paix.
Que tu sois n'importe où
Tu le voudrais.

Persévérez
Sans régner.
Entraidez,
Mais surtout, aimez.

Voici ma paix
Pour vous !
Faites ce premier jet.
Soyez sans crainte, surtout !

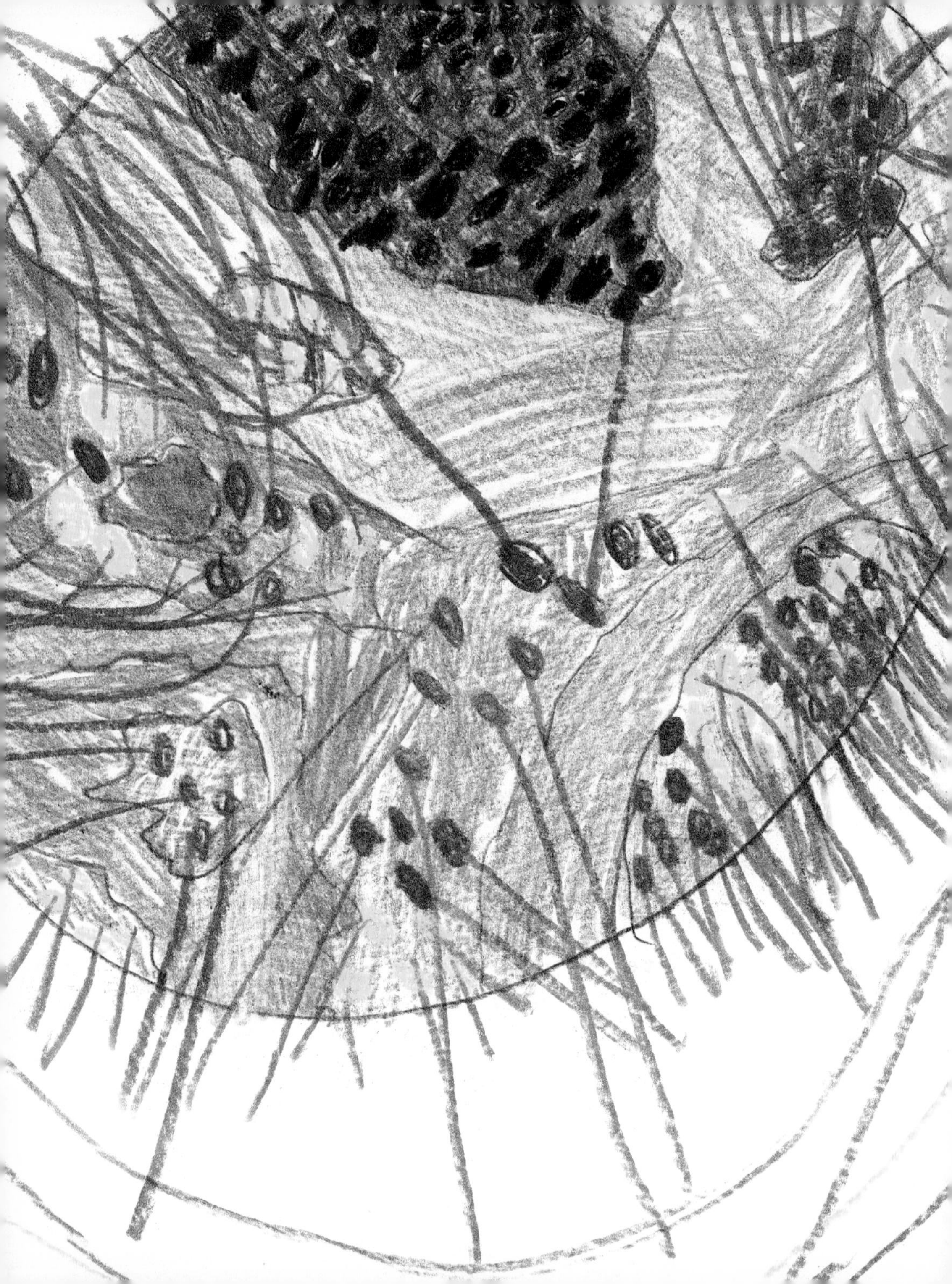

la paix des sentiments

Texte et illustration de
Francis Lachance-Courtois
5e année
École Sainte-Thérèse • Drummondville

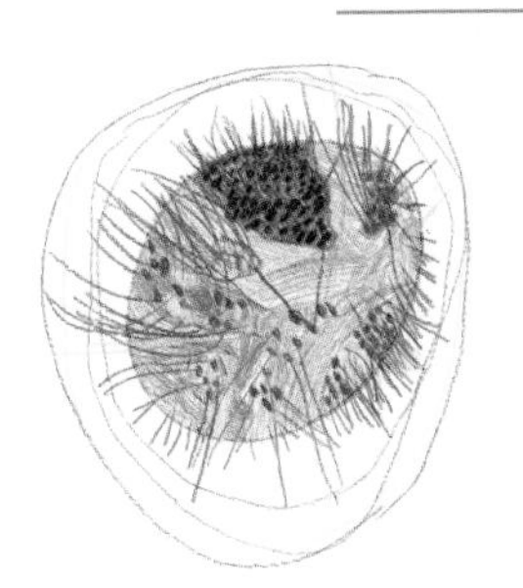

Ah ! si on avait le courage de parler
à ceux qui font la guerre
en ces moments difficiles
à cause des attentats
qui ont fait s'écrouler
les tours jumelles.
Ah ! si on avait le courage de parler.

Ah ! si on avait le courage de parler.
Il y a des enfants
qui ont espoir en vous.
Arrêtez !
on vous le demande.
Ah ! si on avait le courage de parler.
Il y a des enfants qui ont espoir en vous.

Ah ! si on avait le courage de parler.
Il y a des enfants qui ont espoir en vous.
Il y a un enfant
avec une grande sincérité
qui vous écrit et qui veut
que vous arrêtiez
de lancer des missiles tourbillonnant
vers leurs cibles.

Ah ! si on avait le courage de parler.
Il y a des enfants qui ont espoir en vous.
Il y a un enfant
avec une grande sincérité
qui vous écrit.

Ah ! si on avait le courage de parler.
Il y a des enfants qui ont espoir en vous.

Et surtout,
il y a un enfant
avec une grande sincérité
qui vous écrit.

Et qui a une grande amitié
et il vous l'envoie.

SI ON LA LAISSE POUSSER
ELLE ENVAHIT NOTRE GAIETÉ
ET FAIT NAITRE LA CRAINTE
POUR S'EN DÉBARRASSER
IL FAUT LA SURMONTER
ET POUR CELA, IL FAUT
L'AFFRONTER.
LA PEUR C'EST COMME LES FLEURS
FRAGILE ET AGILE
PEUR DE TOUT
PEUR DE RIEN
UN PEU COMME UNE MAUVAISE
HERBE DANS UN JARDIN

la peur

Texte de
Catherine Vienneau
5e année
École Saint-Eugène • Valleyfield

La peur c'est comme les fleurs
Fragile et agile
Peur de tout
Peur de rien
Un peu comme une mauvaise herbe dans un jardin
Si on la laisse pousser
Elle envahit notre gaieté
Et fait naître la crainte
Pour s'en débarrasser
Il faut la surmonter
Et pour cela, il faut l'affronter.

la peur et la révolte

Texte et illustration de
Vanessa Godbout
6e année
École La Source • Saint-Raphaël

J'ai une peur bleue.
Elle me fait souffrir.
Je tente de m'évader dans le désert.
J'ai décidé de casser la glace.
De ne plus me faire avoir.
Pour me consoler, j'écoute les fleurs
me chanter les louanges.
Je regarde dans le ciel.
Je vois ma peur se rendre chez elle.
J'ai eu la force de me révolter.
Je vais au lac, je vois mon reflet de courage
sur l'eau qui brille par le soleil.
Je me mets en boule dans le coin.
La paix me monte sur un nuage.
Je me repose en paix.

l'arbre

Texte et illustration de
Michaël St-Gelais
5e année
École Chabot et du Châtelet • Charlesbourg

Un petit arbre chétif,
Entre deux bouleaux,
Essaie de faire son travail,
Mais sans succès.
Il ne peut guère filtrer la lumière,
Il étouffe.

L'automne venu,
Le petit sapin sourit,
Car les bouleaux, ses amis,
Perdent leur magnifique feuillage
Et tombent en état de dormance.
Il peut maintenant faire son travail.
Il se sert de ses milliers d'usines,
ses petites épines.

Après deux strophes et quelques vers,
Enfin arrive l'hiver.
Il rêve de devenir grand,
Pour qu'on lui accroche enfin
des ornements.

Printemps venu,
Petit sapin est devenu grand.
Sa sève le réchauffe et il peut maintenant
Regarder amicalement ses chers amis,
Yeux dans les yeux.
Il peut accomplir plus facilement
Le travail qui lui a été confié.

Les chaudes journées d'été
Lui chatouillent les épines,
Et la fine brise
Le fait valser
Dans la nuit étoilée.

Après quelques décennies,
L'hiver est de retour,
Et il devient le sapin du village
Pour vivre une expérience inouïe.

Pour finir sa vie,
Il est fier d'être brûlé
Dans le foyer d'une personne âgée.
Il est très content de vivre
ses derniers moments
Avec mes grands-parents.

l'argent

Texte et illustration de
Étienne Proulx
6e année
École Champlain • Sherbrooke

Rien aux yeux des enfants
Cher à ceux des parents
Douloureux aux démunis
De leur côté, les riches rient

Noir est le jour
Depuis que pour toujours
Quelqu'un l'inventa
Hélas, comme cela

La loterie
Quelle singerie
C'est l'argent au recyclage
Quel gaspillage !

Partout où je suis allé
Et partout où j'irai
L'argent sera présent
Comme un châtiment

la rose beauté américaine

Texte et illustration de
Alexandra Bisson
6e année
École du Dôme • Hull

Je peux comparer
cette beauté
à ma mère,
mais aussi à mon père.

Elle est tellement majestueuse,
si gracieuse !
Il y a une couleur pour chaque humeur :

Rouge comme le feu,
on peut l'utiliser
pour déclarer
notre flamme.

Rose comme la gomme à bulles,
on peut l'offrir en cadeau,
c'est tellement beau !

Blanche, on peut la donner
aux nouveaux mariés.

Jaune, elle me fait penser
aux journées ensoleillées.

Il y a beaucoup d'autres couleurs,
mais vous les réciter
me prendrait des heures !

la tortue

Texte de
Frédérik B. Gendron
6e année
École Sainte-Thérèse • Drummondville

La tortue qui se promène de vers en vers
S'arrête quelquefois pour goûter à une lettre ou à un mot.
Je l'ai même déjà vue sauter dans un étang appelé dictionnaire.
Elle mettait la pagaille partout où elle passait.
Cette tortue, c'est la mienne.
Et je me dis que si elle mange tous ces mots
Un jour elle parlera.

la tour inoubliable

Texte de
Ariel Bruce de Carufel
6e année
École Saint-François-d'Assise • Frelighsburg

Il y a très longtemps dans
une ville merveilleuse,
Quand j'étais en vacances, je crois,
Je suis allé dans une petite tour.
Mon père me disait qu'elle s'appelait
World Trade Center.
Je trouvais ça un nom étrange,
Mais c'était un bien beau nom.
Bref, je suis allé dans une tour incroyable.

C'était une place inimaginable
Avec une vue si spéciale
Que même planer dans les airs
c'est presque pareil.
C'est si haut et si grand, à figer le cœur.
C'est à faire du vol plané
Dans cet univers, avec l'air si propre.
La magie de cet endroit est si forte
Que tu peux t'effondrer et
rêver pour des heures.

Le soleil couleur d'or
Illuminait ce paradis magique.
Tu montais à toute allure
Et puis te voilà dans ce monde
époustouflant.
Beaucoup de personnes avaient
bonne mine,
Car ils avaient le sourire ouvert
comme tout.
Toutes les petites taches tout en bas
Faisaient un beau dessin.

Tu pouvais voir ces oiseaux de métal
Voler dans ce ciel couleur geai bleu.
Je voyais tout bouger
Dans ce grand écran mémorable.
Mes yeux goûtaient ce beau paysage
Vieux d'âge en âge dans cette
île merveilleuse.
De vie ou de mort,
Cette aventure demeure dans le coffre-fort
De ma mémoire jusqu'à la fin de mes jours.

l'au-delà

Texte et illustration de
Caroline Castonguay-Boisvert
6e année
École Gabrielle-Roy • Saint-Léonard

Dans mon lit douillet
je me dis : « À quoi ressemble
l'au-delà ? » Sous la lune et
les étoiles qui caressent les
arbres de leur douce lumière,
je réfléchis et trouve. Chacun
a son au-delà, il suffit de le
chercher ! Je m'engage alors dans
une chasse au trésor incroyable.
Une multitude de choses étranges
me parvient. À un moment j'eus
peur d'avoir perdu mon
chemin dans le noir. Je me
replie à genoux sur le sol
rocailleux de je ne sais où.
Soudain je sens quelque chose
me brûler les yeux : de la lumière !
Je regarde autour de moi, il
y a une forêt. Tout partout
il y a des poissons, des papillons,
des oiseaux et un jaguar ! Je
m'endors en rêvant à mon au-delà
que seul moi peux voir.

À la nuit tombée,
Lorsque tout est silence,
L'autobus fantôme avance
Tous phares allumés

Sans aucun bruit
Il glisse doucement
Ramassant en passant
Les fantômes de la nuit

Comme un coussin d'air
Il sillonne les rues sombres
Faisant siffler l'air
N'éclairant que les ombres

À son bord, des fantômes avides
Scrutent par les fenêtres
Les rues qui défilent
Espérant voir renaître...

« La ville au petit matin ».

l'autobus fantôme

Texte et illustration de
Éliane Jobin
4e année
École Marie-Immaculée • Sept-Îles

L'autobus fantôme

À la nuit tombée,
Lorsque tout est silence,
L'autobus fantôme avance
Tous phares allumés.

Sans aucun bruit
Il glisse doucement
Ramassant en passant
Les fantômes de la nuit

Comme un coussin d'air
Il sillonne les rues sombres
Faisant siffler l'air
N'éclairant que les ombres

À son bord, des fantômes avides
Scrutent par les fenêtres
Les rues qui défilent
Espérant voir renaître...
« La ville au petit matin? »

Éliane Jobin

l'automne

Texte et illustration de
Mélody Parent
3e année
École Sainte-Thérèse • Drummondville

Petite feuille petite feuille
Tourne en rond pour rentrer
Dans la cheminée
De monsieur Lagacé

Petite feuille petite feuille
Laisse-toi tomber, je t'attraperai
Pour le dîner
Je te mangerai.

la vie

Texte de
Jonathan Girard
illustré par
Jean-Bernard Otis
5e année
École Saint-Luc • Jonquière

Tu sors du ventre de ta mère
Pour respirer un peu d'air
Tu grandis, tu ris
Tu prends ton premier envol

Tu vas à l'école
Tu grandis, tu travailles
Tu fêtes tes fiançailles
Avec la femme élue

Qui ne t'a jamais déplu
Tu grandis, tu vieillis
Tu prends ta retraite
C'est chouette

Prêt pour les voyages
Tu tournes une autre page
Ta vie est finie
Tu vas au paradis

la vie en gris

Texte et illustration de
Stéphanie Martin
5e année
École Aux-Quatre-Vents • Sainte-Julie

Les feuilles tombent des arbres
Les écureuils font leurs provisions
Moi je regarde la télévision
Dans mon trou noir et sombre.
Il n'y a qu'une lumière qui illumine mes yeux,
À chaque fois qu'elle le fait, je vois des gens merveilleux.
Par le carré de vitre je vois le soleil.
Les oiseaux vont au sud,
Moi je murmure,
Je m'imagine mon cœur en multicolore,
Car ma vie n'est que du gris.
Je fais le vide,
Pendant que le froid arrive.
La chasse arrive,
Je me demande si les animaux vont survivre.
Il y a de la fourrure partout,
Quand je m'approche d'un pas,
Ils disparaissent comme s'ils avaient un rendez-vous.
Il ne restait qu'un chat.
Le noir est tombé, mes jambes tremblent,
Les animaux sont vivants,
Mais ma peur a pris le devant.
Je m'endors.
Mais il n'est pas trop tard,
Mais moi je ne fais que des cauchemars.
Je me sens comme une roche
Très moche
Abandonnée au rivage
Avec les coquillages.

le bal des fleurs

Texte et illustration de
Simon Turcotte
5e année
École Belle-Vallée (Rinfret) • Sainte-Ursule

Un jour
Dans un grand jardin d'amour
Se levèrent les fleurs
Avec grand bonheur.

Madame Pensée
S'est réveillée
Avec une idée
Que personne n'aurait imaginée :
Elle avait rêvé
À un bal masqué.

Elle est allée en parler
À son amie d'à côté.
Madame Pétunia
Lui grogna :
« Non ! Je ne veux pas ! »

Elle alla donc chez madame Hydrangée :
« Désolée ! mais je n'ai pas fini de travailler
Et je ne peux pas m'en occuper
J'ai les pétales irrités !!! »

→

Chez madame Campanule
On lui répondit :
« Je n'en ai tout simplement pas envie ! »
Dit la fleur incrédule.

Elle alla vers madame Rose :
« Il faut que je me repose ! »

Personne ne crut
Que madame Pensée
Aurait pu
Faire seule un bal masqué.

Après une ou deux semaines environ,
Fin prêtes étaient les préparations.
« Je suis fière de moi »,
Elle se chuchota.

Monsieur Crocus, qui passa par là,
Ses yeux il n'en crut pas.
« Par mes pétales,
Mais c'est un bal !!! »

Étonné, il courut en discuter avec
madame Hydrangée :
« Madame, madame, venez regarder,
Il y a un bal masqué tout préparé !!! »
Trop curieuse pour y résister,
Elle ne s'empêche de l'accompagner…

Et le manège continua
Jusqu'à ce que tout le monde le remarqua.
Les fleurs se dirent toutes qu'elles
devraient aller
Au bal masqué
De madame Pensée.

Elle ne se doutait de rien
Jusqu'au moment où soudain
Tout le monde arriva avec entrain.

« Mes amis,
Comme vous êtes gentils,
Sans vous, tout serait fini !!! »
Et tout le monde s'amusa jusqu'à la
tombée de la nuit.

le caillou

Texte de
Camille Lachapelle
6e année
École Saint-Pierre-Claver • Montréal

Le caillou abandonné sur le bord du fossé
Un caillou se laissant porter par la brise de l'été

Ce caillou se fait frôler par une goutte d'eau glacée
Le petit caillou se met à trembler

Le caillou cherche maintenant à se réchauffer
Se réchauffer sur le bord de la marée

Mais la marée se met à monter
Monter, monter jusqu'à déborder

Le caillou se fait aspirer
C'est le destin du petit caillou abandonné

Texte et illustration de
Renaud Gagnon
5e année
École Carrefour étudiant • Saint-Félicien

J'écris sur le tapis tapissé de nuit.
Quand je dors
je monte sur les étoiles
pour voir cette jolie toile.
J'écris sur la maison,
sur le pont
et je regarde des dragons
voler comme des avions.
L'écriture c'est ma passion.

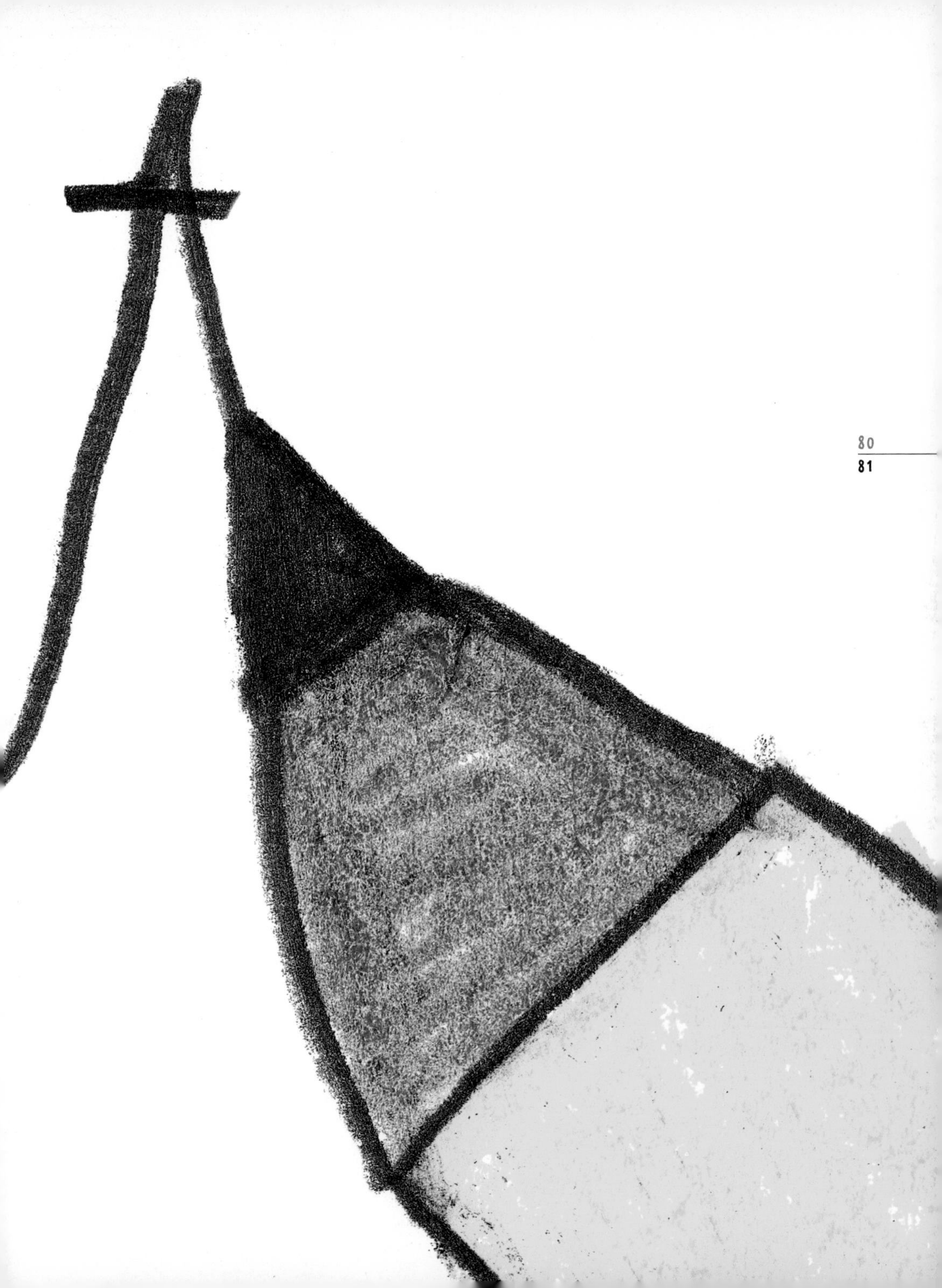

l'élue

Texte de
Étienne Tétreault
illustré par
Jean-Philippe Dion
5e année
École Saint-Vincent • Saint-Césaire

L'élue de mon cœur
que j'ai tant cherchée
j'ai cherché dans du beurre
je ne l'ai pas trouvée

Essaie de m'aider
mais je t'avertis
après avoir cherché
tu as chaud en titi

Si elle est près de la mort
je m'en souviendrai
je veux lui dire que je l'adore
et que je l'ai aimée

Si elle est vivante
je suis plus heureux que toi
le fantôme qui me hante
s'envole comme une oie

Je l'ai trouvée
et j'étais très ému
elle était mariée
avec un autre élu

Je ne veux pas recommencer
mais je n'ai pas le choix
je n'ai plus qu'à refouiller
et d'énerver les oies

les slogans

Texte de
Karl Morin-Gibeault
illustré par
Roxanne D. Harvey
6e année
École Le Progrès • Gatineau

Les slogans des jeunes d'aujourd'hui
Sont si petits
Les slogans des jeunes d'avant
Étaient si grands.

Car les jeunes d'aujourd'hui
Ont des espoirs si petits
Et les jeunes d'avant
Avaient des espoirs si grands.

Les enfants d'avant
Ne se plaignaient pas du déneigement
Et les enfants d'aujourd'hui
Se plaignent de la vie.

Tout cela pour dire
Que les jeunes changent
Mais, dans le fond,
Les jeunes veulent la même chose :
La paix, la liberté de vivre et de s'amuser.

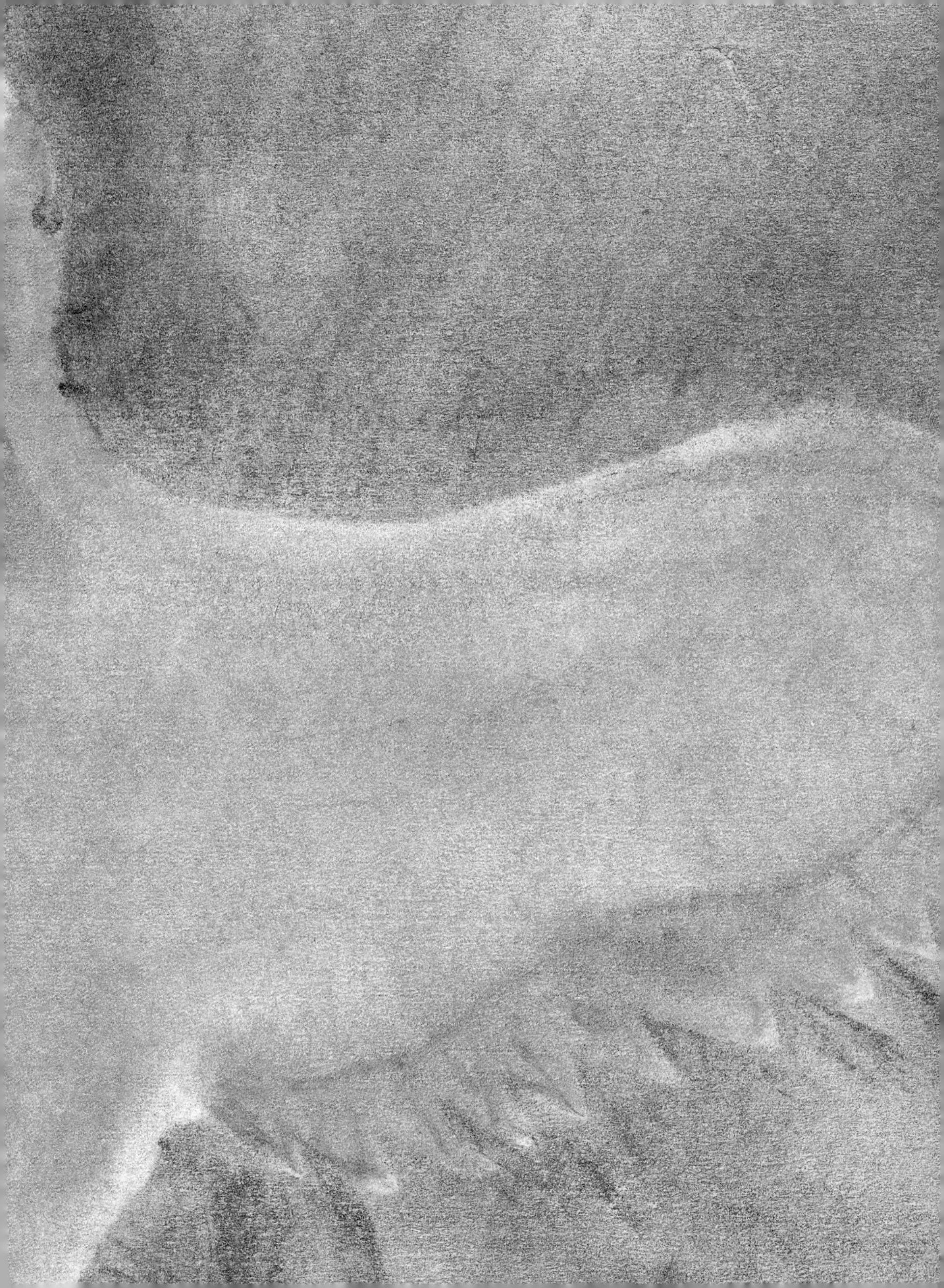

le naufrage

Texte et illustration de
Alexe St-Jacques
6e année
École Côte-du-Nord • Hull

Je m'en souviens comme si c'était hier
le bateau a coulé au fond des mers.
C'était une journée comme les autres
tel un vent sur la côte.
Le soleil brillait si fort
que l'équipage en avait des remords.
Tout à coup le vent se réveilla
et le bateau bascula.
Quand le calme fut revenu
le bateau avait disparu.
Dès cet instant
je n'avais plus mon cœur d'enfant.

le nuage

Texte de
Reda Benhsaïn
illustré par
Martin Figueroa
5e année
École Laurent-Benoit • Saint-Hubert

Quand le nuage pleure
Les fleurs espèrent
Qu'il pleure de joie

Les arbres se rafraîchissent
Mais le nuage est triste

Le ciel illuminé par les étoiles
Essaie de consoler le nuage
Mais le nuage est toujours triste

Le ciel demande à un professionnel
De le consoler mais rien à faire

La fleur inondée par ses larmes
Lui demande : « Pourquoi pleures-tu, nuage ? »
Il lui répond : « Je me sens seul, il n'y a personne ici. »

Le vent qui a tout entendu
Lui amène un ami.

Je suis ton petit garçon
ne pars pas sans moi
Je suis un petit wagon
je m'accroche à toi.
Je suis un petit violon
je ne joue plus sans toi
Je suis un petit chaton
et je miaule sans toi.

Je suis ton petit garçon
ne pars pas sans moi
Je suis un petit wagon
je m'accroche à toi.
Je suis un petit violon
je ne joue plus sans toi
Je suis un petit chaton
et je miaule sans toi.
Je suis ton petit garçon
ne pars pas sans moi
Je suis un petit wagon
je m'accroche à toi.
Je suis un petit violon
je ne joue plus sans toi
Je suis un petit chaton
et je miaule sans toi.
Je suis ton petit garçon
ne pars pas sans moi
Je suis un petit wagon
je m'accroche à toi.
Je suis un petit violon
je ne joue plus sans toi
Je suis un petit chaton
et je miaule sans toi.
Je suis ton petit garçon
ne pars pas sans moi
Je suis un petit wagon
je m'accroche à toi.
Je suis un petit violon
je ne joue plus sans toi
Je suis un petit chaton
et je miaule sans toi.
Je suis ton petit garçon
ne pars pas sans moi
Je suis un petit wagon
je m'accroche à toi.
Je suis un petit violon
je ne joue plus sans toi

le petit garçon

Texte de
Romain Bédaroux
3e année
Maison-école Vinci • Montréal

Je suis ton petit garçon
ne pars pas sans moi
Je suis un petit wagon
je m'accroche à toi.

Je suis un petit violon
je ne joue plus sans toi
Je suis un petit chaton
et je miaule sans toi.

le printemps

Texte et illustration de
Alexandre Dussault
4e année
Nouvelle école de Sainte-Rose • Laval

As-tu entendu les dernières phrases des oiseaux qui s'en vont vers le sud ?
As-tu senti la dernière goutte du parfum des merveilleuses fleurs ?
As-tu regardé les feuilles des arbres pivoter, se bercer et culbuter ?
As-tu ressenti le vent du printemps ?

As-tu joué avec les merveilles du printemps ?
As-tu bu le merveilleux jus de l'érable ?
As-tu vu le soleil caresser le printemps ?
As-tu mangé ces merveilleux aliments du printemps ?

Et je me suis dit
qu'on était bien à deux.
Je me suis ennuyée,
mais je me suis relevée.
Aujourd'hui, tu es parti,
et moi, je suis restée ici.
J'espère que ça va bien se passer,
peut-être même en beauté.
Maintenant que tu es parti,
tout le monde s'ennuie.
De ta fille qui t'aime
et qui aimerait que tu reviennes.
Je sais que ce n'est pas possible,
alors je trouve ça bien difficile.
Je me suis assise
sur le bord d'un feu.
Et je me suis dit
qu'on était bien à deux.
Je me suis ennuyée,
mais je me suis relevée.
Aujourd'hui, tu es parti,
et moi, je suis restée ici.
J'espère que ça va bien se passer,
peut-être même en beauté.
Maintenant que tu es parti,
tout le monde s'ennuie.
De ta fille qui t'aime
et qui aimerait que tu reviennes.
Je sais que ce n'est pas possible,
alors je trouve ça bien difficile.
Je me suis assise
sur le bord d'un feu.
Et je me suis dit
qu'on était bien à deux.
Je me suis ennuyée,
mais je me suis relevée.
Aujourd'hui, tu es parti,
et moi, je suis restée ici.
J'espère que ça va bien se passer,
peut-être même en beauté.
Maintenant que tu es parti,
tout le monde s'ennuie.
De ta fille qui t'aime
et qui aimerait que tu reviennes.
Je sais que ce n'est pas possible,
alors je trouve ça bien difficile.
Je me suis assise
sur le bord d'un feu.
Et je me suis dit
qu'on était bien à deux.
Je me suis ennuyée,
mais je me suis relevée.
Aujourd'hui, tu es parti,
et moi, je suis restée ici.
J'espère que ça va bien se passer,
peut-être même en beauté.
Maintenant que tu es parti,
tout le monde s'ennuie.
De ta fille qui t'aime
et qui aimerait que tu reviennes.
Je sais que ce n'est pas possible,
alors je trouve ça bien difficile.
Je me suis assise
sur le bord d'un feu.
Et je me suis dit
qu'on était bien à deux.
Je me suis ennuyée,
mais je me suis relevée.
Aujourd'hui, tu es parti,
et moi, je suis restée ici.
J'espère que ça va bien se passer,

les êtres chers

Texte de
Édith Jochems-Tanguay
6e année
École Bruno-Choquette • Saint-Jean-sur-Richelieu

Je me suis assise
sur le bord d'un feu.
Et je me suis dit
qu'on était bien à deux.

Je me suis ennuyée,
mais je me suis relevée.
Aujourd'hui, tu es parti,
et moi, je suis restée ici.

J'espère que ça va bien se passer,
peut-être même en beauté.
Maintenant que tu es parti,
tout le monde s'ennuie.

De ta fille qui t'aime
et qui aimerait que tu reviennes.
Je sais que ce n'est pas possible,
alors je trouve ça bien difficile.

le silence

Texte et illustration de
Mélanie Roy
4e année
École des Moussaillons • Pintendre

Le silence règne
et moi j'écoute le silence
mais il y a quelque chose qui me tracasse
le silence est là mais moi je suis avec lui
le silence et moi formons un très bon complot
quelle tristesse pour la parole
elle ne peut pas dire un seul mot
le silence et moi avons dit à la parole de se taire
une menace en fait
quelle catastrophe
j'aurais dû être avec la parole
parce que le silence n'arrête pas de me juger
en fait je suis la parole
et mon ennemi est le silence
dans la vie on se dispute pour des riens
si on continue
on n'en sortira jamais vivants
parce qu'on s'abat nous-mêmes.

l'étranger

Texte de
Malcolm Aquino-Aldana
illustré par
Jean-Bony Sanon
3e année
École Sainte-Lucie • Montréal

Bonsoir étranger, t'es arrivé à l'heure
Bonsoir étranger, je ne te connais pas
Ta face est cachée
Je me demande si ta face va se dévoiler

Étranger, j'ai cherché dans toute ma vie
Pour te voir

Bonsoir étranger, t'es arrivé à l'heure
Ta face est étrangère pour moi
Ta face est ombragée
Bonsoir étranger.

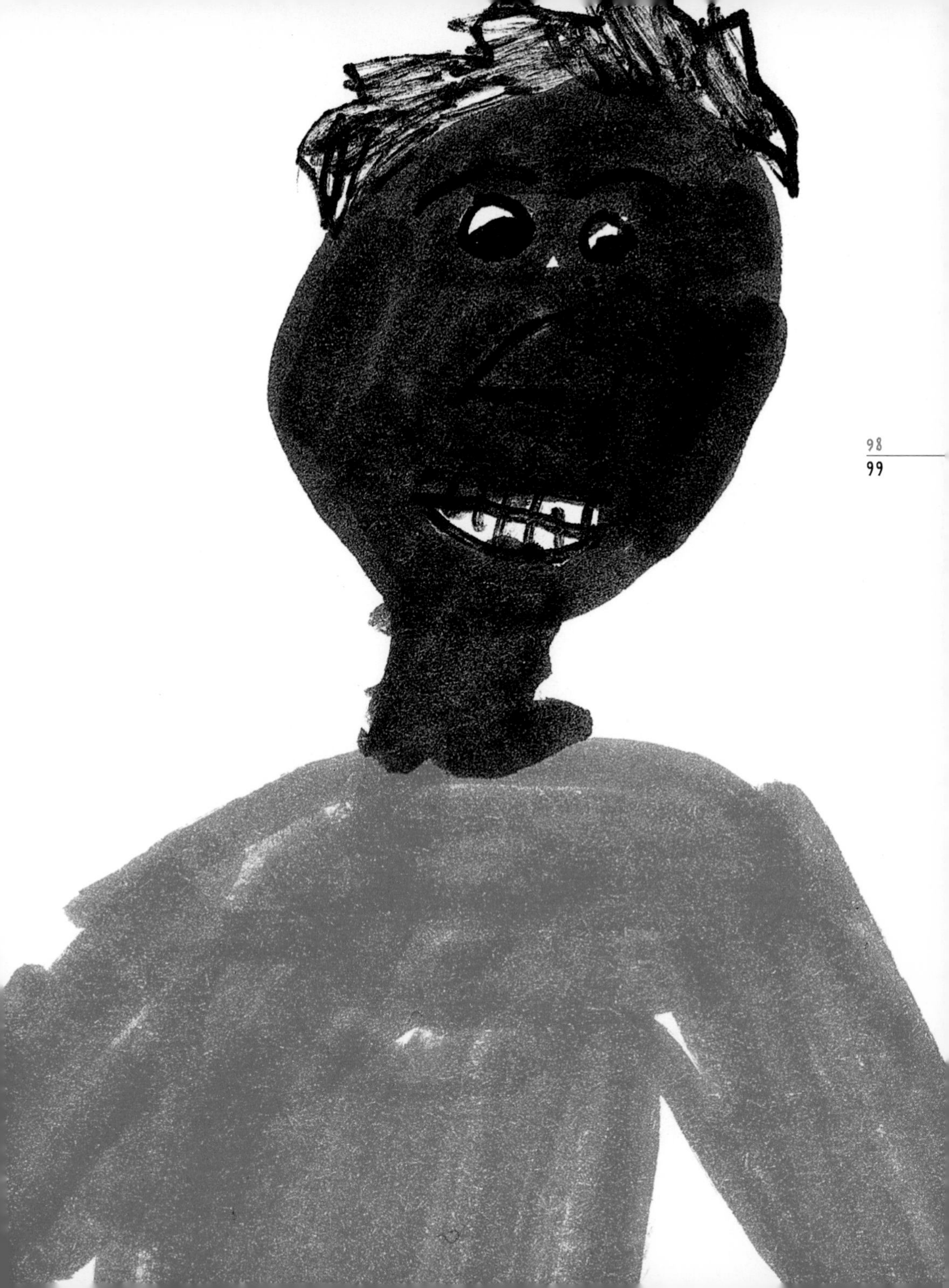

le vent épuisé

Texte de
Jessica Leroux
illustré par
Jennifer Mailloux
4e année
École De Maricourt • Saint-Hubert

Le vent est fatigué
De toujours voyager
Il voudrait bien être remplacé
Par un autre vent moins fatigué

Il voudrait être dans sa maison
Faite en bonbons
Pour jouer au ballon
Ou s'asseoir dans son salon

Mais étant donné qu'il n'a pas de remplaçant
Il est devenu méchant
En se changeant en ouragan
Il a dévasté tous les champs des habitants

Un jour un autre vent
Qui cherchait un vent qui voulait un remplaçant
Trouva l'ouragan
Qui était devenu méchant

Il interrogea le vent, demanda s'il voulait être remplacé
Le vent lui dit : « Oui, je suis fatigué. »
Le vent était content d'être dans sa maison
Faite en bonbons

l'homme qui plantait des fleurs

Texte de
Josiane Bourgeois-Marcotte
illustré par
Marc-André Thorne
6e année
École aux Iris • L'Île-du-Havre-Aubert,
Îles-de-la-Madeleine

Il y a un an,
Dans un grand champ,

Un homme a planté
Une magnifique pensée.

Il vint la voir tous les jours
Et lui donna beaucoup d'amour.

Sa bonté fut récompensée,
Car, une belle matinée d'été,

Sa fleur avait grandi
Et elle était vraiment jolie !

Puis l'été passa
Et l'automne arriva.

Il tonnait, pleuvait,
Mais la fleur résistait.

L'hiver arriva à grands pas
Et, un jour, il neigea.

L'homme pensa qu'il ne reverrait
jamais sa fleur,
Celle qui lui avait apporté tant
de bonheur.

Mais quand ce fut le printemps
Il retourna dans le champ.

Il vit un petit plant
Abandonné près de l'étang.

Il se rendit compte alors que cette
petite fleur,
C'était sa fleur, son bonheur.

Puis un sourire éclaira sa face,
Car il comprit que cette fleur
était vivace...

drrrrrring
tictactictac
tictactictac

l’horloge sonne

Texte et illustration de
Frédérique Bastien-Thibault
3e année
École Le Plateau • Montréal

Tic tac l’horloge sonne
Neuf heures, je mange ma pomme
Dix heures, la récréation
Midi, la grande collation
Une heure, j’ai perdu ma colle
Deux heures, je fais de la musique
Trois heures, un moustique me pique
Quatre heures, je finis l’école
Cinq heures, je fais mes devoirs
Six heures, je mange
Sept heures, je trouve un dollar
Tic tac l’horloge sonne

les arbres dansants

Texte et illustration de
Samuel Lemieux
6e année
École de Taniata • Saint-Jean-Chrysostome

Dans une nuit étoilée
Dans un automne coloré
Les arbres dansaient
Au son des criquets

Un saule se dandinait
Avec un bouleau qui gigotait
Un hêtre généreux
Bougeait avec un érable heureux
Tout comme le sapin peureux
Et le chêne paresseux
Les feuilles tombaient
À mesure qu'ils dansaient

Le soleil se leva
Les danseurs s'arrêtèrent
Et sur la terre retournèrent
Pour attendre une nuit
Comme celle-ci

Radio Canada
La Macarena
Maz da

les chats

Texte de
Jonathan Ahumada-Côté,
Jade-Olivia Cayouette,
Théo Chastenay,
Leila Coiteux-Clermont,
Camille Demeule,
Sabrina Desrosiers,
Marianne Fournier-Denis,
Laurent Proteau
et Rémi Thériault
3e année
Sacha Ahumada-Côté,
David Béland,
Justin Chabot,
Christophe Charette,
Vanessa Craan,
Pierre-Nicolas Fournier-Denis,
Mikaelle Goulet-Provost,
Louis-Philippe Lajoie,
Daphne Lefebvre,
Laurent Lévesque,
Jérémie Martin,
Vincent Martin-Savary,
Xavier Revert-Nicolas,
Katherine Tardif
et Charles Tremblay
4e année
illustré par
Jérémie Martin
4e année
École Les Petits Castors • Longueuil

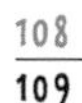

Un petit chat
Qui fait des petits pas
Avec papa
En dansant la Macarena
En patinant à l'aréna

Puis, un petit lapin arriva
Avec un autre chat, là-bas
En Mazda au Canada
Ils décidèrent d'aller faire du blablabla
Moi j'aime la pizza et le coca-cola
Dans la ville de Barbara
Je passerai à Radio-Canada
Et je mangerai toute la pizza
Et le lapin se maria

les crayons

Texte et illustration de
Maude Provencher
5e année
École Saint-Pie X • Drummondville

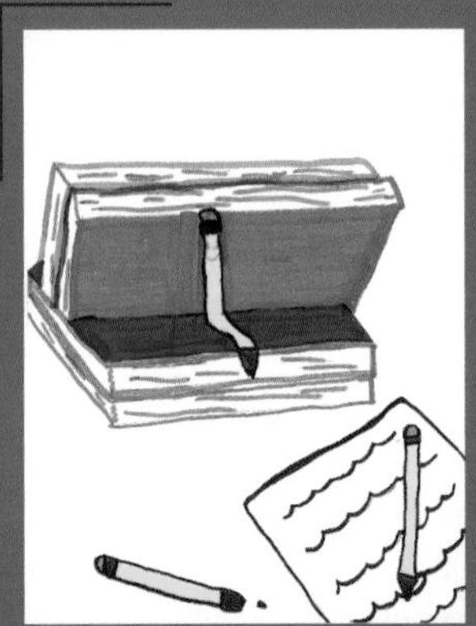

J'ai beaucoup, beaucoup de crayons
Certains ont une efface en tire-bouchon
Mon plus joli est tout grugé
Car il y avait un examen et j'étais stressée

Quand je rentre le matin
Je les serre dans mes mains
Les crayons ne sont pas complètement réveillés
Alors ils font des fautes dans mon cahier

Il y en a un qui ne sourit pas
Je ne sais pourtant pas ce qu'il a
Peut-être que c'est parce que je l'aiguise trop et qu'il rapetisse
Donc il est triste, triste, triste

Un crayon sert à écrire des lettres d'amour
Ou encore des monologues d'humour
Des scènes d'horreur
Des films de peur

J'utilise mon crayon en anglais
Mais beaucoup plus en français
Je l'utilise aussi pour les mathématiques
Car on calcule et c'est pratique
Je ne sais pas ce que je ferais sans mon crayon
Je crois que je tournerais en rond

les mots

Texte de
Kayla Piecaitis
illustré par
Marie-Anne Bissonnette
5e année
École Anne-Hébert • Montréal

Qui a inventé les mots ?
Qui, oh qui, a inventé les mots ?
Est-ce Mme Verbe ou M. Larousse ?
Qui a inventé les mots ?

Pourquoi a-t-il inventé
des noms comme « folie »,
des adjectifs comme
« très », « grand » et « jolie »
et des verbes comme
« regarde » et « fini » ?

Pourquoi n'a-t-il pas inventé des mots
comme « risuki » et « zizunizuco » ?
Des mots comme « asimico »
Pourquoi n'a-t-il pas
Inventé ces mots-là ?

En tout cas,
je ne sais pas
les réponses à tout
et le mystère des mots
est inclus dans tout.

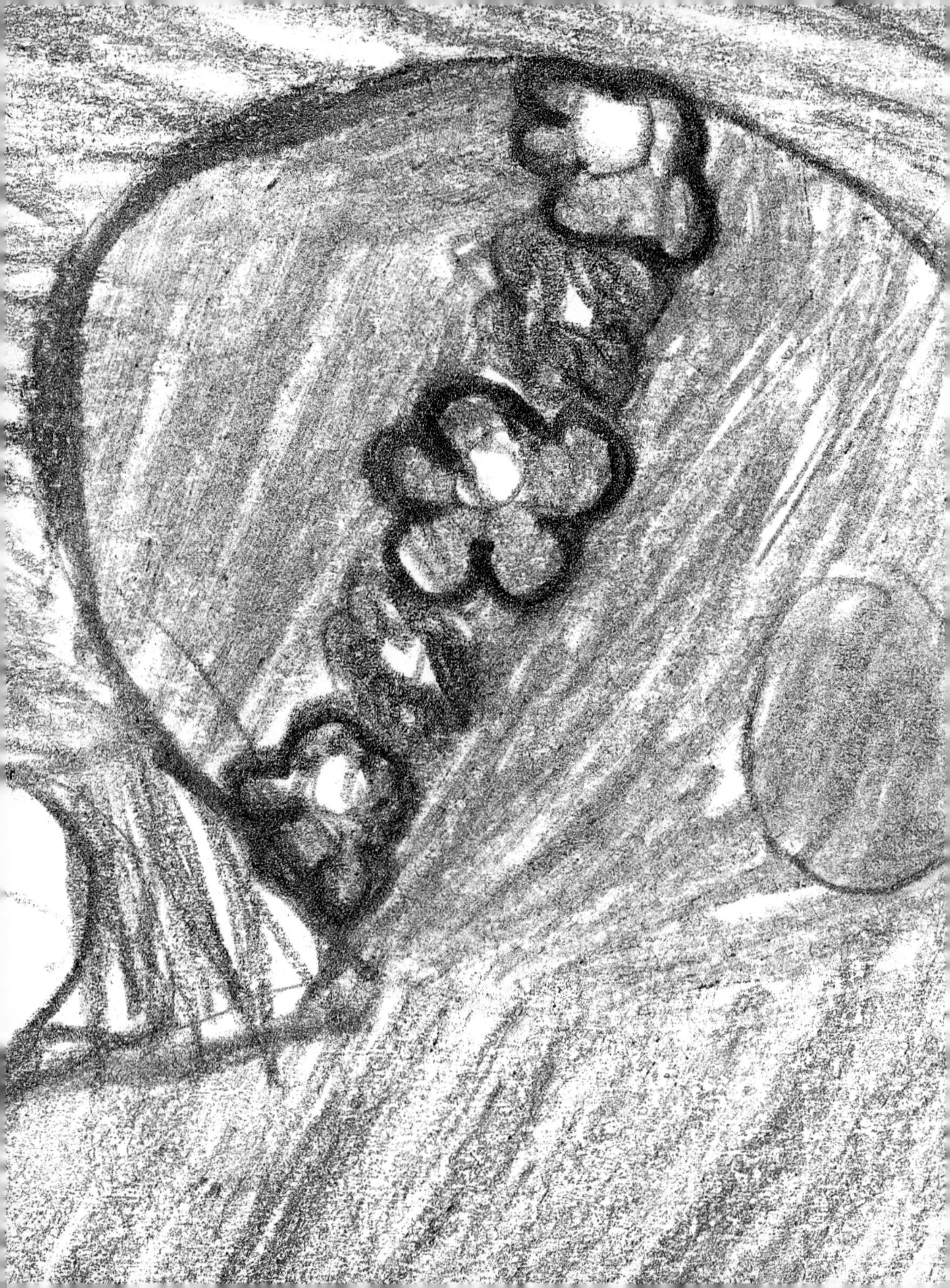

les papillons

Texte et illustration de
Shany Harvey
4e année
École Notre-Dame-du-Rosaire • Sullivan

Ça commence par une chenille triste et seule
Qui se trouve un petit coin.
Ça se continue avec du fil
Qui se tourne tout doucement autour d'elle
Pendant plusieurs jours.
Cela se termine par un magnifique papillon
Vêtu de superbes couleurs tout en fleurs
Brodé de cœurs charmeurs,
Garni d'ailes douces comme le miel,
Qui volent dans le ciel.

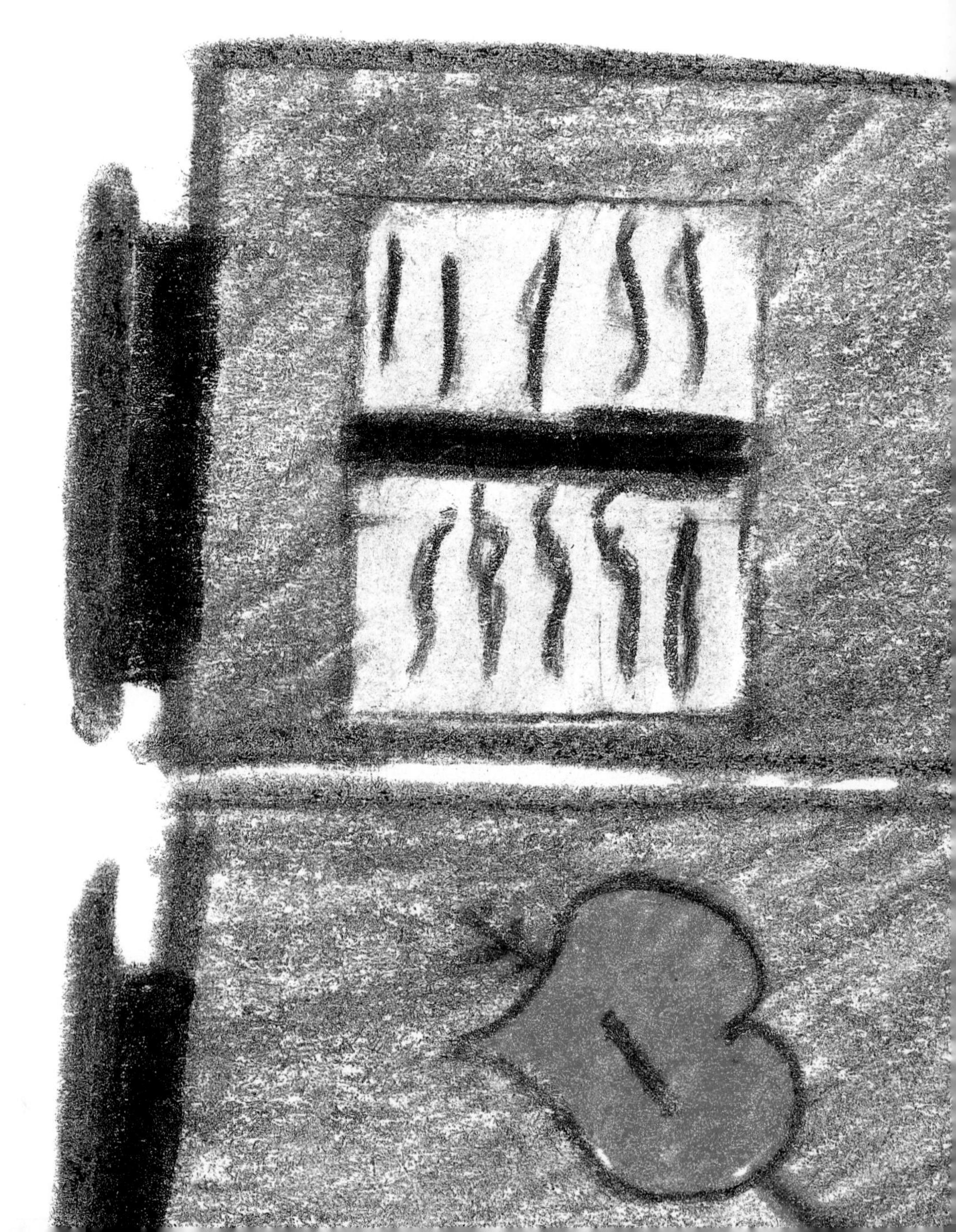

les professeurs

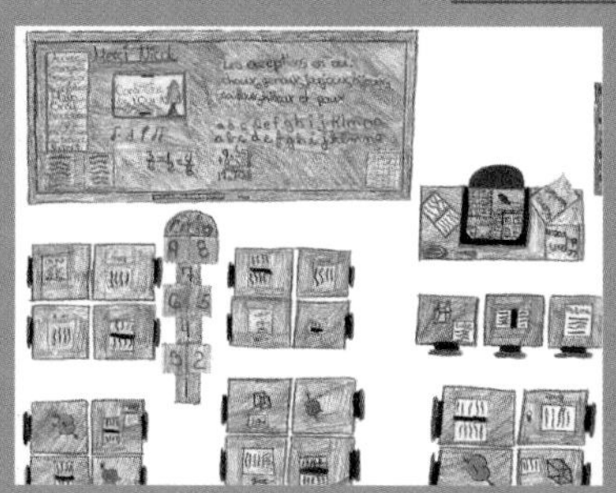

Texte et illustration de
Marie-Christine Gourde
6e année
École l'Arc-en-Ciel • Saint-Narcisse-de-Beaurivage

Lise nous accueille à la maternelle
Pour nous apprendre à jouer à la marelle
On chante des comptines
Et on attache nos bottines

Maria nous apprend à lire
Et à écrire
C'est un travail plutôt difficile
Pour des élèves bien dociles

Sylvie nous montre à écrire en cursive
Pour l'écriture de nos archives
On a aussi fait des sciences de la nature
Où l'on a vécu toutes sortes d'aventures

Claire nous a appris la grammaire
En nous donnant de précieux trucs pour
bien retenir les exceptions
Elle ne voulait pas jouer à la mère
Mais voulait tellement pour ses petits
péchés mignons

Suzanne nous a appris,
en mathématiques, les fractions
Et les nombres à virgule
Tandis qu'en sciences de la nature on
a fait toutes sortes de bidules
Et elle a fait de nous des champions

Avec Nicole, on a découvert qu'elle
aimait bien nous poser des colles
Mais ce n'était pas pour mal faire
Mais bien pour nous demander de refaire
En sixième année, on fait une bonne
révision de tout ce qu'on a appris
Pour aller plus loin dans la vie
Donc, à toi, Nicole, un gros merci

Il y en a d'autres professeurs
Mais ceux que je viens de nommer
sont les miens bien à moi
Ceux que j'ai tant aimés
Et que je garde en mémoire

les six lutins du quartier

Texte de
Samuel Beaulieu,
Myriam Bergevin,
Jessica Bolduc,
Yanni Chabot-Valin,
Simon Clément,
Pier-Luc Cormier,
Viviane Gignac,
Gabriel Godin,
Steven Gruebel,
Audrey Huneault,
Étienne Labrecque-Leblanc,
Nicolas Labrie,
Félix Lapierre,
Jean-Stéphaneen Lepître-Larocque,
Raymond Lussier,
Cynthia Martin,
Audrey Picard,
Nicolas Ranger,
Régis Rodrigue,
Marc-Olivier Roy-Laflamme,
Catherine Sauriol,
Mathieu Sévigny,
Guillaume Trudel
et Stéphanie Ventura-Pessoa
illustré par
Viviane Gignac
3e année
École Saint-Jean • Sainte-Catherine

Les six lutins du quartier
Étaient célèbres dans le monde entier.
Ils habitaient dans une minuscule forêt
Qui leur appartenait.
Un jour, des enfants de l'école
Saint-Jean
N'écoutèrent pas leurs parents.
Curieux de rencontrer ces lutins
coquins,
S'égarèrent dans ce bois lointain.
Mais un lutin surgit soudain
Et aperçoit tous ces gamins
Grimpés au sommet du grand sapin :
- Que faites-vous là-haut, petits
galopins ?
- Nous cherchons les célèbres lutins.
Vous qui voyagez dans le monde entier,
pourriez-vous rapidement nous aider
à retrouver notre chemin mais,
surtout,
la paix enfin !

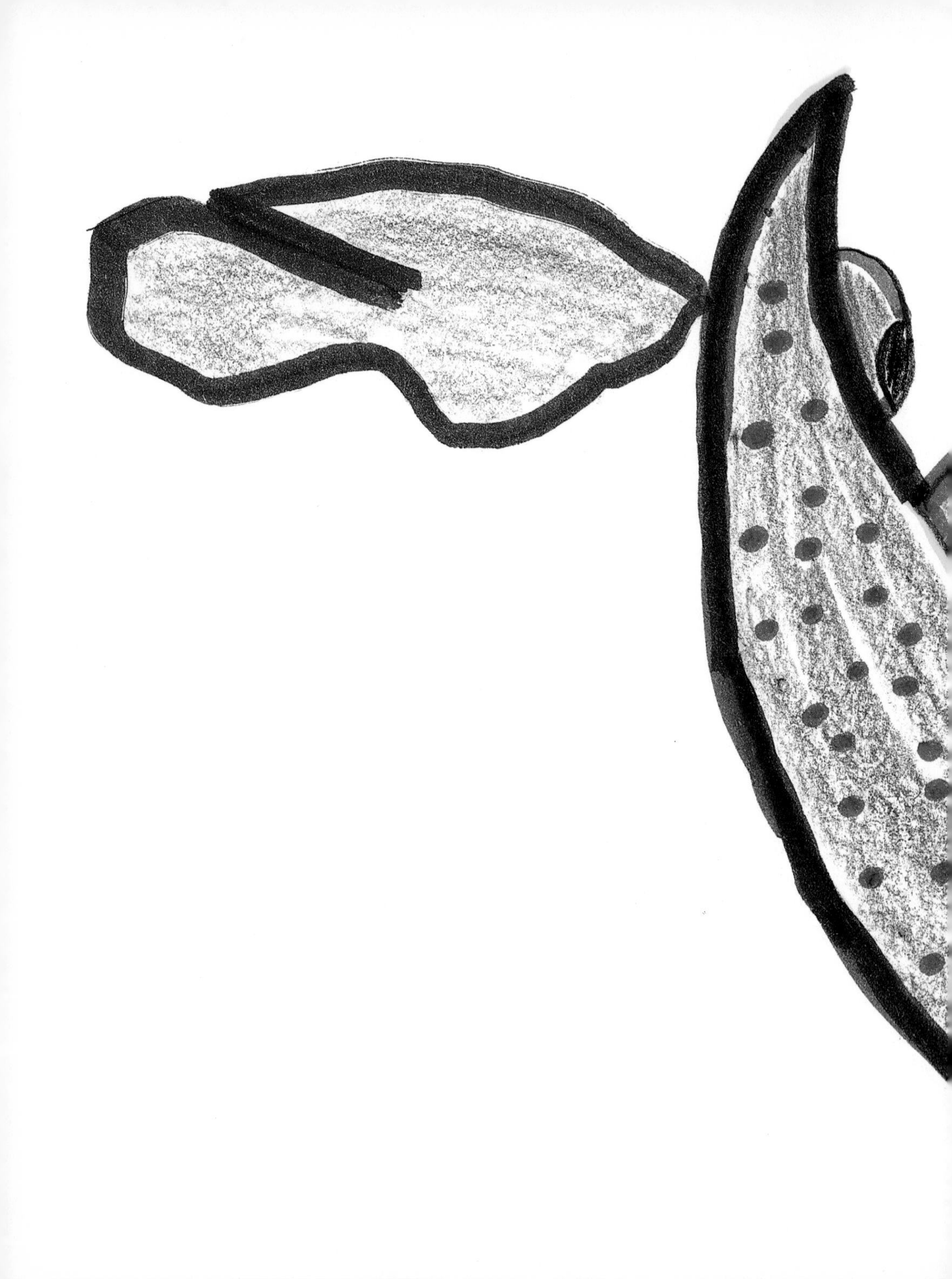

ma lune

Texte et illustration de
Catherine Girard
3e année
École J.-P.-Labarre • Varennes

Ma lune n'est pas comme les autres
Elle est verte, mauve et rouge
Quand il fait nuit elle chante
Quand c'est le jour elle prend son bain
Elle a juste un œil et la moitié de la bouche
Elle n'a que trois poils sur la tête
Son visage est picoté
Je la regarde chaque soir avant de me coucher.

ma mère

Texte et illustration de
Camille St-Jacques-Couture
3e année
École des Rapides-Deschênes • Aylmer

Je cueille des fleurs très belles
Soudain, je vois ma mère qui m'attend
Elle est impatiente de me voir
Déjà je sens plusieurs odeurs de parfums
Je m'approche d'elle, je lui saute dans les bras
J'entends son cœur
Il bat très, très fort
Gentille maman, je ne sais pas ce que je ferais sans toi

ma montagne

Texte et illustration de
Julian Robertson
6e année
École Saint-Louis-de-France
(Pavillon Saint-Yves) • Sainte-Foy

En haut de ma montagne, j'ai comme un œil d'aigle.
Je vois l'homme avec une belle nature, mais je vois aussi
l'homme en train de la détruire.

En haut de ma montagne, j'ai comme un œil de poisson.
Je vois l'homme qui s'amuse, mais je vois aussi l'homme qui
détruit l'océan et qui tue les poissons avec ses produits chimiques.

En haut de ma montagne, je suis un homme et j'ai un devoir,
celui d'arrêter tout ça.

ma passion : les vélos

Texte de
Suzan Delas
6e année
École Sainte-Marguerite • Laval-des-Rapides

Ma passion ce sont les vélos
Car ils roulent dans les flaques d'eau
Autant que dans les parcs fédéraux

Pas aussi rapides que les autos
Mais beaucoup plus « écolos »

Pas besoin de les tirer aux tarots
Ils possèdent des atouts très commerciaux
Des projets phénoménaux
Ces engins si magistraux

mer et mère

Texte de
Érika-Jade Plante
5e année
École Saint-Albert-le-Grand • Québec

Mer et mère vous êtes si calmes
Mer et mère je vous trouve si douces sur ma peau
Mer et mère que j'aime retrouver dans mes rêves
Mer et mère vous êtes si belles
que vous portez le même nom
Mer et mère vous si merveilleuses à mes yeux
Mer et mère qu'on ne trouve jamais amères

mes animaux préférés

Texte et illustrations de
Katrine Dionne-Desfossés
3e année
École Notre-Dame-de-l'Assomption
Saint-Cyrille-de-Wendover

Sur une fleur, une coccinelle
Bat des ailes comme une belle

Et qui doucement se pose
Sur un bouquet de roses

Un ours qui mange son miel
Et qui se sent comme au ciel

Il fait une vie de roi
Et moi qui le regarde assise sur le toit

mes passions

Texte et illustration de
Audrey Rivet-Baillargeon
6e année
École La Perdriolle • Île-Perrot

Moi qui me passionne pour le cinéma,
moi qui aimerais le plus être
devant la caméra,
moi qui aimerais tant jouer la comédie
ou une scène dramatique de la vie.
Cet art que j'aime énormément.
Eh bien, c'est cet art qui me passionne tant.

Je vous garantis que c'est moi
que vous verrez
sur vos écrans de télé.
Je serai l'attraction de la fête
et je ferai tourner des têtes.
J'aurai besoin de « bodyguard » le soir
parce que les gens voudront
tous me voir.

Même avec cette célébrité,
je ne négligerai pas mon chat adoré.
Cette petite boule de poils que
j'aime énormément,
je ne peux m'en séparer longtemps.
Ce petit coquin
qui aime avoir des calins
me fait tant rire.
Il est rigolo, je peux vous le dire.

Ce chat est précieux dans ma vie.
L'art du cinéma qui à chaque fois
me réjouit.
Ces deux passions me gardent en vie.
Je vais en prendre soin... c'est promis !

rÉVOL

mon ami imaginaire

Texte de
Rébecca Labrecque
illustré par
Cédric Émond
5e année
École des Moussaillons • Pintendre

Je connais un ami
Il s'appelle Salcifi
Quand maman est sortie
Il sort de sous mon lit

On joue, on joue
À la cachette
Coucou, je t'ai trouvé
Il faut se dépêcher si on veut dîner

Oh non ! maman est rentrée
Vite ! vite ! va te cacher
On se reverra au souper
Et on pourra jouer

Ce soir, on boira de la liqueur
Et on mangera des croustilles
Pour notre soirée cinéma
On verra de l'opéra.

mon amour à moi !

Texte et illustration de
Héloïse Henri-Garand
6e année
École Élan • Montréal

Toute la journée,
je pense à lui.
À nos heureuses retrouvailles
dans mon lit.

Il est un peu grassouillet,
mais tellement douillet.
Il a toujours les mêmes vêtements
sur le dos,
mais il est si beau.

Son intérieur cotonné
me fait rêver.
Dès que je le vois,
je sens mon cœur qui bat.

Il est si attirant,
je l'aime tant.
C'est toujours la fête
à ses côtés.
Mon cher oreiller.

mon microbe Picolor

Texte et illustration de
Yannick L'espérance
3e année
École de l'Aubier • La Plaine

Notre cher Picolor
Aime bien jouer dehors.
Il va sur le tracteur
Et il a mal au cœur.
Il regarde sa montre, il est sept heures.
« Oups, j'ai rendez-vous avec le docteur !
Docteur, j'ai encore mal au cœur.
Docteur, faites quelque chose, mon petit cœur
Pleure.
Docteur, fais bondir mon cœur
De bonheur ! »

mon poème

Texte et illustration de
Élise Simard
6e année
École du Vallon • Petit-Saguenay

C'est l'automne
C'est le temps des pommes.
Bientôt l'hiver
Et l'été, c'était hier.

Il y a de la gelée
Mais plus de rosée.
Fermez les piscines
Et sortez les bottines.

Sortez vos manteaux
Car il ne fera plus beau.
Quand il commencera à neiger
Il faudra bien s'habiller.

Voici la neige
Et les journées fraîches.
On joue dans les flocons
Avec ces gentils garçons.

L'hiver est parti
Le monde rit.
Et maintenant
C'est le printemps.

Arrêtez de fuir
L'été va bientôt revenir.
La neige se met à fondre
Et lentement, du toit, elle s'effondre.

musique céleste

Texte de
Iseuth Céré
5e année
illustré par
Édith Roussy
6e année
École Bernèche • Saint-Jean-de-Matha

Il vole dans le vent, dirigeant un orchestre.

Silencieux, des racines à sa cime, il laisse les oiseaux
chanter et gazouiller librement.

Son écorce est si douce...
il n'y a aucun trou.

Ses racines en terre
se nourrissent de la rosée du matin.

Tranquillement, il salue le sapin son ami.

Son corps a besoin d'affection et d'amitié.

Aveugle, l'homme l'éteindra un jour,
laissant place
à la nuit.

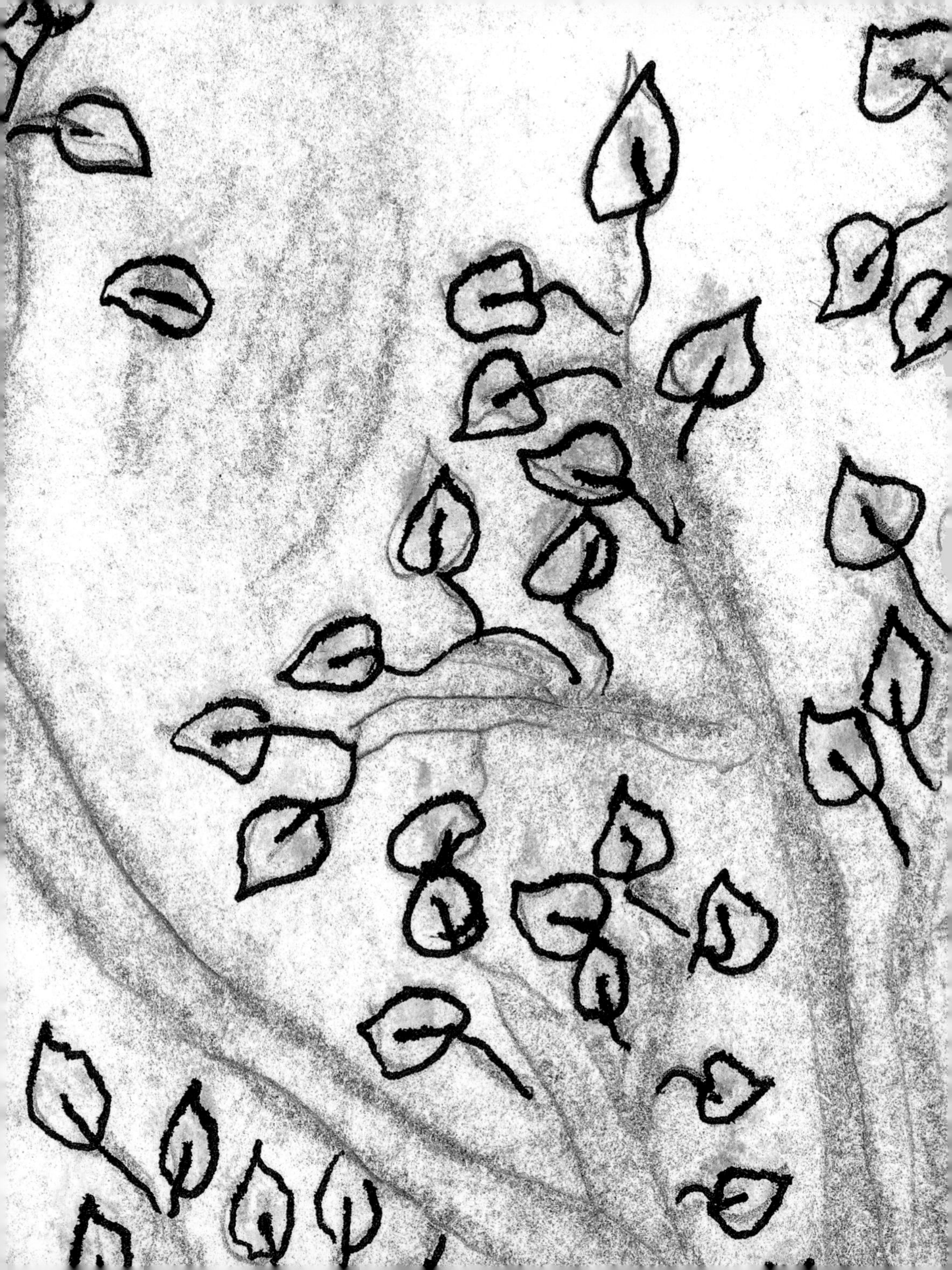

re morte,
sombre et noire,
ard le soir.
st sombre et noire.
le noir cache le soir
est si noir
les arbres cachent le soir.
les sont si noirs
eau a peur du noir et du soir.
nant le soir est parti
st resté
le jour est très loin.
au, élément de la nature.

re morte,
sombre et noire,
ard le soir.
st sombre et noire.
le noir cache le soir
est si noir
les arbres cachent le soir.
les sont si noirs
eau a peur du noir et du soir.
nant le soir est parti
st resté
le jour est très loin.
au, élément de la nature.
re morte,
sombre et noire,
ard le soir.
st sombre et noire.
le noir cache le soir
est si noir
les arbres cachent le soir.
les sont si noirs
eau a peur du noir et du soir.
nant le soir est parti
st resté
le jour est très loin.
au, élément de la nature.
re morte,
sombre et noire,
ard le soir.
st sombre et noire.
le noir cache le soir
est si noir
les arbres cachent le soir.
les sont si noirs
eau a peur du noir et du soir.
nant le soir est parti
st resté
le jour est très loin.
au, élément de la nature.
re morte,
sombre et noire,
ard le soir.
st sombre et noire.
noir cache le soir

nature morte

Texte de
Katherine Bardoux
5e année
École Saint-Clément • Montréal
(Pour écrire ce poème, Katherine s'est inspirée d'une œuvre de Marc-Aurèle de Foy Suzor-Côté intitulée « Coucher de soleil, rivière Nicolet »)

L'eau, élément de la nature.
nature morte,
sombre, sombre et noire,
noire tard le soir.
L'eau est sombre et noire.

Mais le noir cache le soir
le soir est si noir
que les arbres cachent le soir.
Les arbres sont si noirs
que l'eau a peur du noir et du soir.

Maintenant le soir est parti
le noir est resté
mais le jour est très loin.

neige

Texte et illustration de
Mikaël Francoeur
6e année
École Notre-Dame-des-Neiges • Neufchâtel

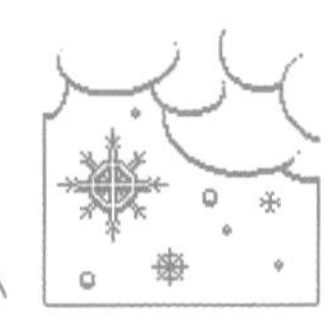

La neige qui tombe,
La neige qui fond,
La neige qui tombe,
La neige qui fond.
Et,
Après plusieurs tentatives,
La neige qui tombe
Et
Qui fièrement reste là.

Et alors le reste,
Voyant qu'elle n'est pas morte
Ni de chaleur ni de soleil,
La rejoint.
Et,
À ce moment,
C'est magique.

La foule s'élance
Du fin fond d'en haut,
S'accumulant en grosses communautés
Que les humains appellent tout bêtement
Bancs de neige.

Il s'en passe des mois comme ça,
Mais, en avril,
Quand la géante association des rebelles
Du haut des nuages se pointe,
Alors là c'est elle qui l'emporte.

Elle attaque avec fureur
Et,
Incapable de résister,
La neige s'alourdit.

Ainsi attaquée par cette forte masse,
Elle ne peut, sous peine de mort,
Que devenir eau, pour ainsi agrandir
la communauté rebelle.
Alors, secrètement, elle attend
Elle attend des renforts prévus
pour novembre.

perdu la bataille

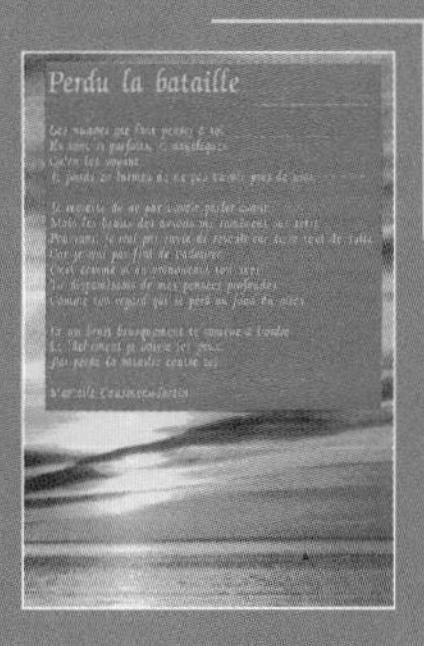

Texte et illustration de
Marielle Cousineau-Fortin
6e année
École Saint-François-de-Sales • Blue Sea

Les nuages me font penser à toi
Ils sont si parfaits, si angéliques
Qu'en les voyant
Je fonds en larmes de ne pas t'avoir près de moi.

Je regrette de ne pas t'avoir parlé avant
Mais les bruits des avions me ramènent sur terre.
Pourtant, je n'ai pas envie de revenir sur terre tout de suite
Car je n'ai pas fini de t'admirer.
C'est comme si en prononçant ton nom
Tu disparaissais de mes pensées profondes
Comme ton regard qui se perd au fond du mien.

Et un bruit brusquement te ramène à l'ordre
Et lâchement je baisse les yeux.
J'ai perdu la bataille contre toi.

rêverie

Texte de
Laurie-Anne Chabot-De Serres
illustré par
Hugues Leblanc
École Jacques-Rocheleau • Saint-Basile-le-Grand

Triste et fatiguée
J'étais assise sur un mur de pierre
Je repensais à ma journée d'hier.
Comme j'aurais aimé
M'envoler dans les nuages
Au lieu de rester à table
À manger mon potage,
Mon potage à la tristesse et au malheur.

Tout à coup, un vent frais m'emporte,
Je ressens une sensation de bonheur.
Subitement apparaît une grande porte,
Puis un joli nuage rose.
Le vent me dépose
Sur la belle forme rose.

Le nuage me prend dans ses bras
de coton
Et le vent disparaît.
J'avais peur de ne jamais retourner
chez moi,
Car la porte avait également disparu.

Peut-être aurais-je mieux fait
De rester chez moi
À manger ma crème de malheur
aux navets,
Plutôt que de passer le reste
de ma vie ici.

Mais soudain
Ma peur s'est évanouie,
Car je me suis aperçue
qu'en faisant ma rêverie
Je m'étais endormie.

rêverie d'une femme

Texte et illustration de
Myriam Bachand
6e année
École Champlain • Sherbrooke

Sur une plage,
Soirée nitescence versatile,
Cette jeune femme, couchée sur une serviette,
S'est endormie doucement,
Elle rêve.

D'une mer inexplorée, son navire sur les vagues,
De l'air, des oiseaux de renaissance,
D'une île imaginaire aux trésors sensationnels,
De pirates aux épées crochues,
Elle rêve.

D'un prince charmant et sa belle princesse,
D'une loyauté de roi et la reine majestueuse,
Du fou impayablement remarquable,
Des balles rebondissantes et tours de magie,
Elle rêve.

D'un peuple inconnu et de rivages multicolores,
De coutumes enchantées, ensorcelantes,
D'un homme vêtu de nobles haillons, arc et flèches à la main,
D'une terre fertile habitée de mille hommes,
Elle rêve.

De son avenir, son futur inimaginable,
De l'amour qu'elle unit au fond d'elle,
Du sort que la vie lui réserve,
Elle rêve...
De liberté.

Je ne vois que
Ma peine
Que même des
Ne
Je ne vois que
Un accident
Je ne vois
Une torture
À
Une
Une
Je ne vois que
Un orage
Séparé
J'ai
Je ne vois que
Un accident
Mon cœur

rupture

Texte de
Sara Poulin
5e année
École de la Clé-d'Or • Saint-Antoine-de-Tilly

Je ne vois que du brouillard
Ma peine est si pesante
Que même des caresses et des tendresses
Ne l'apaisent

Je ne vois que du mauvais temps
Une tornade fait rage
À l'intérieur
Une larme coule

Je ne vois qu'une tempête
Un orage et des éclairs
Séparent mon cœur
J'ai de la peine

Je ne vois que la mort de ma mère
Un accident, une grosse rupture
Mon cœur vole en mille morceaux

si j'étais une étoile...

Texte et illustration de
Émilie Ouellet
4e année
École Sainte-Anne • Saint-Cuthbert

Si j'étais une étoile...
J'envelopperais d'une toile de protection
et je guiderais les enfants perdus
vers une famille.

Si j'étais une étoile...
Je filerais pour tous les enfants
qui feront le vœu de pouvoir manger.

Si j'étais une étoile...
Je plongerais dans la lumière
tous les enfants de la terre.

Et pour finir
j'illuminerais le monde entier
j'éliminerais la pauvreté.

si j'étais une hirondelle

Texte de
Maren M. Kambamba
4e année
École De Normandie • Longueuil

Si j'étais une hirondelle
Je volerais au-dessus des hôtels
Je chanterais des chansons
Au-dessus des maisons
Je grignoterais les graines
Du jardin de M. Ben
Mais je ne rentrerais jamais dans une cage
Ça serait très dommage
De rester là pour la vie

solitaire

Texte de
Thierry Desbiens
4e année
École Fleur-Soleil • Saint-Jovite

Je suis comme un arbre
Au milieu de nulle part
Si je pouvais je m'envolerais
Mais seulement je ne peux pas
Je suis collé au fond de la forêt
Tous les matins le brouillard m'envahit
Mais je ris au moins une fois
Dans la journée
Quand le soleil brille

une carte vierge

Texte et illustration de
Roxane Beauchemin
6e année
École L'Arpège • Sainte-Julie

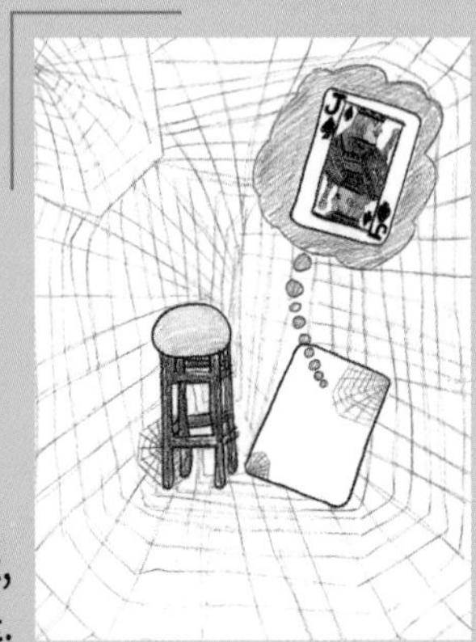

Je suis restée plantée comme un piquet,
Comme une carte prise dans un paquet.
J'aurais aimé être un valet,
Là, tout près, sur la table de chevet.

Moi, une carte vierge et sans intérêt.
Resterai-je à jamais
Près du petit tabouret
Où personne ne va jamais ?

une coccinelle

Texte et illustration de
Elizabeth Bergeron
3e année
École Saint-Sauveur • Val-d'Or

Une coccinelle perdue
en haut d'une montagne
est vraiment dépourvue
devant cette campagne

une nuit sombre

Texte de
Guillaume Samson
illustré par
Stéphanie Simard
4e année
École Leventoux • Baie-Comeau

Ce soir,
il fait noir.
Mes parents sont couchés
et ne sont pas près de se relever.
Il est minuit
et j'entends
des bruits.
J'entends les voitures,
qui roulent vite, ça c'est sûr.
J'entends aussi le frigo
qui glace mes Minigos.
Sans oublier mon père
qui ronfle par terre.
Ce soir,
il fait noir.
Je me demande
comment je vais faire
pour dormir sur cette terre.

une rencontre en couleur

Texte et illustration de
Ariane Chouinard-Ferlatte
6e année
École Le Bois-Vivant • New Richmond

Vert comme leur voiture
vert comme la forêt pour s'y rendre.
C'est comme partir à l'aventure
comme voir une fleur qui pleure...

Bleu comme le ciel
bleu comme la mer.
C'est comme les oiseaux à grandes ailes
et le bleu devient soudain amer...

Jaune comme le soleil
jaune comme le sable chaud.
Comme se baigne elle,
ne voit qu'en beau...

Rose comme son maillot de bain
rose comme ses lèvres.
Elle et lui main dans la main
ne comprennent pas la nouvelle...

Rouge comme sa joue
rouge comme son sang.
Voyant qu'un départ doux
tourbillonnant comme un toutou
volant...

Des grands cœurs tout autour...

Des cœurs de toutes les couleurs
de joie ivoire
qui sont autour de ce petit bonheur
qui déborde de chaleur et qui camoufle
tes peurs noires.

Une grande flamme orange dans
leur cœur
ne s'éteindra pas.
Il ne faut pas avoir peur
ceci va continuer à l'infini.

On y verra de toutes les couleurs
car l'amour est un bonheur.
Mon cœur rempli de chaleur
et de toutes les plus belles couleurs.

un insecte

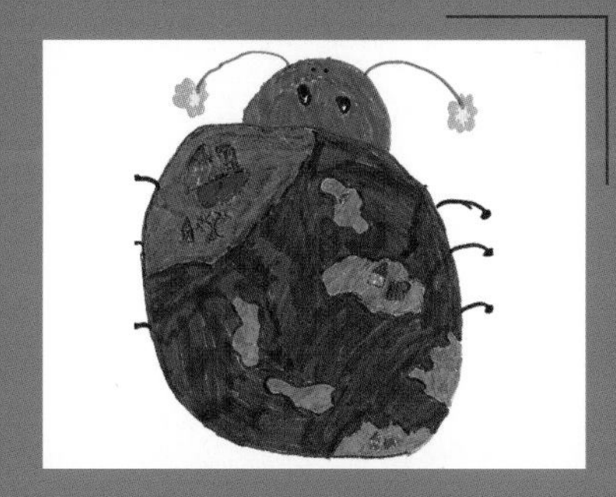

Texte et illustration de
Emmanuelle Bahl
3e année
École L'Avenir • L'Avenir

Sur la terre, il y a des villages
Dans les villages, il y a des terrains
Sur les terrains, il y a des jardins
Dans les jardins, il y a des fleurs
Sur une fleur, il y a un insecte
Dans cet insecte, il y a un cœur
Un cœur qui bat de joie.

un nom

Texte et illustration de
Lisa-Marie Villeneuve
5e année
École Hébert • Laval

Un nom ne serait pas un nom
sans celui qui le porte
qu'il soit simple ou composé peu importe.

Un nom ne nous décrira pas
seule notre personnalité le fera.

Un nom ne peut nous différencier
d'une personne autrement nommée.

Le nom fait partie de nos vies
mais ce n'est pas grâce à lui
que nous avons réussi.

Alors un nom quelle importance
quand notre vie n'a plus de sens.

plumeau

un petit papa d'amour

Texte de
Sébastien Bailey
illustré par
Geneviève Groleau
6e année
École Le Progrès • Gatineau

Une colombe signifie tu es proche de mon cœur.
Ton sourire est mon soleil.
Tu es petit oiseau qui me réveille.
Tu es la brise qui souffle les pétales d'une rose.
Tu es ma source de plaisir.
Tu es mon rayon de soleil.
Tu es mon rayon de miel.
Tu es ma lumière.
Je te vois partout où je vais...

table

Cet ouvrage composé en Kosmik corps 13,5 points
a été achevé d'imprimer le onze avril deux mille deux
sur les presses de l'imprimerie Interglobe
pour le compte de l'Hexagone et de VLB éditeur.

IMPRIMÉ AU QUÉBEC (CANADA)